A. Ludorff

Die Bau- und Kunstdenkmäler von Westfalen - Kreis Siegen

ISBN/EAN: 9783743406674

Hergestellt in Europa, USA, Kanada, Australien, Japan

Cover: Foto ©Thomas Meinert / pixelio.de

Weitere Bücher finden Sie auf **www.hansebooks.com**

A. Ludorff

Die Bau- und Kunstdenkmäler von Westfalen - Kreis Siegen

Die
Bau- und Kunstdenkmäler

von

Westfalen.

Herausgegeben

vom

Provinzial-Verbande der Provinz Westfalen

bearbeitet

von

A. Ludorff,

Königlicher Baurath, Provinzial Konservator.

Münster i. W.
Kommissions Verlag von Ferdinand Schöningh, Verlagsbuchhandlung in Paderborn.
1905.

Die
Bau- und Kunstdenkmäler

des

Kreises Siegen.

Im Auftrage des Provinzial-Verbandes der Provinz Westfalen

bearbeitet

von

A. Ludorff,

Königlicher Baurath, Provinzial-Konservator.

Mit geschichtlichen Einleitungen

von

Dr. Heinzerling,

Professor am Gymnasium zu Siegen.

Münster i. W.

Kommissions Verlag von Ferdinand Schöningh, Verlagsbuchhandlung in Paderborn.

1903.

Vorwort.

Da wesentliche Nachtheile bei Verwendung von gestrichenem Kunstdruckpapier sich bislang nicht gezeigt haben, andererseits die Vorzüge des letzteren für den Druck von Autotypien bedeutende sind und den Fortfall der Lichtdrucke kaum fühlbar machen, wird der vorliegende Band der letzte sein, welcher ausschließlich Lichtdrucktafeln enthält.

Zu Gunsten der Veröffentlichung des Werkes bewilligte der Kreis Siegen einen Beitrag von 1200 Mark.

Die Ausarbeitung der geschichtlichen Einleitungen war Herrn Professor Dr. Heinzerling am Gymnasium zu Siegen übertragen.

Münster, Januar 1903.

Ludorff.

Preis-Verzeichniß

der erschienenen Bände (vergleiche Tafel I):

| Kreis | broschirt | gebunden | |
		in einfacherem Deckel	in Originalband wie Hamm und Warendorf
Lüdinghausen	5,60	9,00	10,00
Dortmund Stadt	5,00	6,00	7,00
„ Land	2,80	5,80	6,80
Hörde	5,00	6,00	7,00
Münster-Land	4,50	7,50	8,50
Beckum	5,00	6,00	7,00
Paderborn	4,20	7,20	8,20
Iserlohn	2,40	5,40	6,40
Ahaus	5,00	6,00	7,00
Wiedenbrück	5,00	6,00	7,00
Minden	4,00	7,00	8,00
Siegen	2,40	5,40	6,40

Im Druck befinden sich die Bände:

Kreis Wittgenstein und Kreis Steinfurt.

Provinz Westfalen.

Stadtkreise:

1. Münster
2. Dortmund
3. Bielefeld
4. Bochum
5. Hagen
6. Gelsenkirchen
7. Recklinghausen.
8. Witten
9. Hamm

Maßstab 1 : 1 200 000

———— veröffentlicht.

——— inventarisiert.

— — — veröffentlicht vom Provinzialverein für Wissenschaft und Kunst zu Münster, (Stadtkreis Hamm zugleich mit dem Landkreis Hamm).

Kreis Siegen.

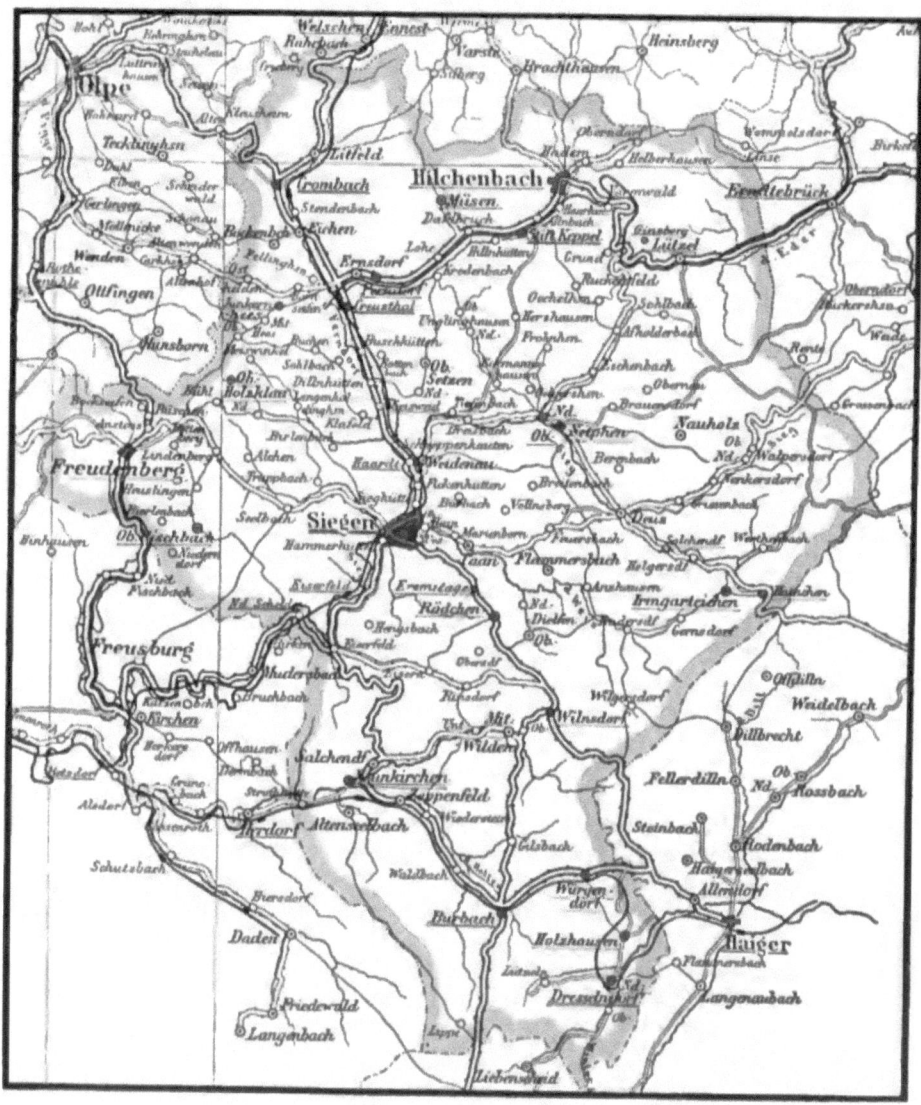

Maaßstab 1 : 200000

0 5 10 15 20 25 Kilometer 30

1:5

Geſchichtliche Einleitung.

Der Kreis Siegen, die Südſpitze der Provinz Weſtfalen, hat eine Größe von 647,5 qkm und 85902 Einwohner.[3] Er zerfällt in drei deutlich geſonderte Theile, das Siegerland, ungefähr drei Viertel des Ganzen, den freien Grund und den kleinen Hickengrund. Mit Ausnahme des letzteren, welcher dem Gebiet der Lahn angehört, liegt der Kreis Siegen faſt ganz in demjenigen der oberen Sieg, hauptſächlich in der Thalmulde, in welcher die an Länge faſt gleichen Gewäſſer der oberen Sieg, der Ferudorf und Weis, ſowie einige kleinere Bäche enthalten ſind. Aus ihrer Vereinigung im Südweſten des Kreiſes geht dann das Hauptthal hervor. Zwei Zuflüſſe, die Asdorf im Weſten und die Heller im Oſten, gehören nur in ihrem oberen Lauf dem Kreiſe Siegen an.

Der Boden iſt durchweg gebirgig, doch finden wir hier meiſt langgeſtreckte Höhenzüge, welche ihre höchſte Erhebung an der Grenze des Landes erreichen, wo ſie die Waſſerſcheide bilden. Diejenige zwiſchen Sieg und Lenne im Nordweſten und Norden des Kreiſes iſt zugleich die Grenze gegen den zum früheren Herzogthum Weſtfalen gehörigen Kreis Olpe, die uralte Stammesſcheide zwiſchen Franken und Sachſen. Die Höhenzüge, welche im Oſten das Gebiet der Sieg von dem der Eder und Lahn ſcheiden, trennen das Siegerland und den freien Grund vom Kreiſe Wittgenſtein und Regierungsbezirk Wiesbaden ſowie vom Hickengrunde. An einigen Stellen greift zwar die Grenze des Siegerlandes

---

[1] und [2] Kuhſchellen Joch des Kreiſes Siegen.

[3] Nach der letzten Volkszählung 94511. Da bei der Abfaſſung das Ergebniß derſelben noch nicht vorlag, ſo iſt im Folgenden dasjenige der früheren Zählung zu Grunde gelegt.

auffallender Weise in das Gebiet der Lahn und Eder über, aber nur ein Dorf, nämlich Lützel, liegt jenseits der Wasserscheide, im Gebiet der Eder. Im Süden bilden Ausläufer des Westerwaldes die Kreisgrenze und zugleich die Wasserscheide zwischen der oberen Heller und der dem angrenzenden Gebiet angehörigen Nister und Daadenbach. Dagegen werden die Höhenzüge, welche die Grenze im Westen bilden, von der Heller, Sieg und Asdorf durchbrochen. Das Land ist also nach dieser Seite hin geöffnet, und da seine Mundart eine ripuarische, mit derjenigen der westlichen Nachbarn in der Haupt sache übereinstimmende ist, so sind wir zu dem Schlusse berechtigt, daß die Ansiedler vom Westen her im Thale der Sieg und ihrer Zuflüsse vorgedrungen sind, bis die Höhen der Wasserscheide ihrem Vorrücken ein Ziel setzten. Noch heute trennt die ripuarischen Franken des Siegerlandes von den chattischen des angrenzenden Gebiets ein mächtiger Waldstrich, welcher in früheren Zeiten doppelt so breit war. Denn die jetzigen östlichen Grenzdörfer sind jüngeren Ursprungs. (Vergl. die Kirchspiele Wilnsdorf und Irmgarteichen.)

Erst ziemlich spät erhalten wir Nachricht über unsere abgelegene Gegend, am frühesten über den Haigergau, in welchem der Freie und Hickengrund lagen. Derselbe wird zum ersten Mal erwähnt in einer Urkunde von 914, nach welcher der König Konrad die Taufkirche mit dem Hofe Haiger u. s. w. in pago Heigera der Kirche zu Weilburg schenkt. In einer Urkunde von 1048 bestimmt dann der Erzbischof Eberhard von Trier den Sprengel der Kirche von Haiger, welcher mit der in der Urkunde erwähnten Heigeromarca vollständig zusammen zu fallen scheint. Derselbe umfaßte das Gebiet der oberen Dill von der Einmündung der Diezhölze und reichte durch das ganze Hellerthal bis über die Sieg hinaus. Einen solchen kleinen Untergau wie dieser und die benachbarten Herberomarca und pagus Erdehe bildete wahrscheinlich auch das Siegerland,[1] welches noch viel mehr als die oben erwähnten Gaue ein von Natur abgeschlossenes Ganzes darstellt und auch schon früh als eine geschlossene Einheit auftritt. Ob dieser Untergau nun wie die eben erwähnten zum Oberlahngau oder zum westlich gelegenen Auelgau gehörte, ist schwer zu entscheiden.

In kirchlicher Beziehung gehörte das Siegerland zum Erzbisthum Mainz, und die Einführung des Christenthums oder wenigstens die erste kirchliche Organisation erfolgte daher aus dem benachbarten Hessischen. Der Offizial zu Amöneburg übte an Stelle des Archidiakons zu St. Stephan, dem das Siegerland unterstand, die bischöflichen Rechte aus, und die Pfarrer desselben standen wieder unter der engeren Aufsicht des Dekans von Arfeld im Kreise Wittgenstein. Der Freie und Hickengrund dagegen gehörte, wie der ganze Haigergau, zum Erzbisthum Trier und zwar zum Archidiakonat des St. Lubentius in Dietkirchen und zu dem Landkapitel zu Haiger. Aus dem einen, ursprünglich den ganzen Haigergau umfassenden Kirchspiele, sind bis zum 14. Jahrhundert eine ganze Reihe selbst ständiger Kirchspiele entstanden. Auch im Siegerland finden wir im 14. Jahrhundert eine Anzahl Kirchspiele, die wahrscheinlich ebenfalls aus einem einzigen, das ganze Siegerland umfassenden hervor gegangen sind.[2]

Weil die Nachrichten über unseren Kreis aus der ältesten Zeit so dürftig sind, wissen wir nicht genau, wie die nassauischen Grafen, ursprünglich ein Dynastengeschlecht im Einrichgau, südlich von der Lahn, zur Landesherrschaft in hiesiger Gegend gelangt sind.[3] Ruprecht II., † 1178, welcher nach

[1] Siehe Phil. XII.
[2] Phil. XIV.
[3] Phil. XXIX. XXXI und Achenbach. Gesch. I. 5.

der 1110 erbauten Burg Nassau den Titel eines Grafen von Nassau statt des bisherigen von Lauren-
burg annahm, übte wahrscheinlich schon landesherrliche Rechte in unserer Gegend aus.[1]

Die Herrschaft dieser Grafen war anfänglich, wie anderswo, noch keineswegs gegen diejenige
benachbarter Herren scharf abgegrenzt. Ferner setzten der festeren Begründung derselben die einheimischen
adeligen Geschlechter, von welchen manche noch in späterer Zeit Reichsunmittelbarkeit beanspruchten,
vielfache Hindernisse entgegen. Erst im Laufe der Jahrhunderte gelang es den Landesherren, dieselben
vollständig zu beseitigen. Hierbei kam es ersteren zu statten, daß die überwiegende Mehrzahl der
Bewohner unseres Landes freie, nur den Grafen zu bestimmten Diensten und Abgaben verpflichtete
Grundeigenthümer waren.[2]

Der erste Graf von Nassau, dessen Herrschaft sich zweifellos über unsere Gegend erstreckte,
war Heinrich II. Nach achtjähriger vormundschaftlicher Regierung der Mutter trat er 1206 mit seinem
Bruder Ruprecht die Regierung selbstständig an und war 1230 nach dem Uebertritt des letzteren in
den deutschen Ritterorden der alleinige Herr der nassauischen Länder, welche, freilich von anderen
Gebieten durchbrochen, vom Taunus bis zur Sieg reichten. Nach einer Urkunde von 1224 trat er
an den damaligen Erzbischof von Köln Engelbert die Hälfte des Zolles, der Münze und aller seiner
Gerechtsame in der neu erbauten Stadt Siegen ab, ein auffallender Vorgang, der wahrscheinlich mit
der Zustimmung des Kölner Kirchenfürsten zur Befestigung von Siegen zusammenhängt.[3]

Die letzte Urkunde Heinrichs fällt in das Jahr 1247. In einer späteren von 1250 erschienen
zuerst seine beiden Söhne Walram und Otto. Einer gemeinschaftlichen Regierung folgte 1255 eine
Theilung, durch welche der jüngere, Otto, das Land nördlich von der Lahn erhielt, also auch Landesherr in unserem Kreise wurde. Verschiedene Gebiete, namentlich die Burg Nassau nebst Zubehör,
blieben gemeinsamer Besitz, wie beide auch weiterhin den Titel Grafen von Nassau führten.

Nach Ottos 1289 erfolgtem Tode führten seine drei Söhne Heinrich, Emich und Johann
unter Theilnahme ihrer Mutter zuerst die Regierung gemeinschaftlich und schritten nach ihrem Tode 1303
zu einer Theilung. Gemeinsam blieb nur das schon mit der walramischen Linie zusammen besessene
Gebiet. Emich erhielt die südlich nach der Lahn hin gelegenen Lande, Johann das Schloß Dillenburg,
die Herbermark und den Calenberger Zehnt mit Cöhuberg. Heinrichs Antheil war die Herrschaft Wester-
wald, der Wildbann im Gericht Ebersbach, das Kirchspiel und Gericht Haiger, das Land Siegen und
der Weinzehnte nebst einigen Weingärten in Nassau. Der jetzige Kreis Siegen bildete also einen
Haupttheil seines Besitzes. Dazu erbte er noch 1328 nach Johanns Tode dessen Besitzungen.

Heinrich zwang die mächtigen Adligen von Dernbach zu einem Vergleich 1333 und 1342,
in welchem sie ihm alle ihre Rechte und Besitzungen in der Herbermark abtraten. Ebenso wichtig
für die festere Begründung seiner Landesherrschaft waren verschiedene Erwerbungen im Kreise Siegen,
von welchen noch bei der Geschichte der einzelnen Kirchspiele und der adeligen Geschlechter die Rede
sein wird.

Nach dem Tode Heinrichs 1343 erhielt der anfänglich allein zur Nachfolge bestimmte Otto
außer der Gemeinschaft an Burg Nassau u. s. w., die Herbermark, das Land Siegen, das Gericht
Haiger und Cöhuberg, sein Bruder, der Gründer der Beilsteinischen Linie, das übrige. Otto, durch

[1] Phil. XXIX.
[2] Genaueres hierüber Phil. XXIX. XXX.
[3] Achenbach, Gesch. I. s. Phil. XXI.

feine vielen Fehden in Geldverlegenheit gebracht, war zu zahlreichen Verpfändungen gezwungen. Schließlich wurde er in einem Kampfe mit den Herren von Walderdorf 1350 oder 1351 erschlagen.

Zum Glück führte Ottos Gemahlin, Adelheid von Vianden, als Vormünderin ihres Sohnes Johann verschiedene Fehden und Streitigkeiten zu einem günstigen Ende, und Dank einer gut geordneten Verwaltung konnten bis 1359 die beträchtlichsten Pfandschaften eingelöst werden.

Johann I. übernahm 1362 die Regierung selbstständig und führte sie mehr als 50 Jahre in jener kampfreichen Zeit des sinkenden Mittelalters mit Kraft und Geschick. Nach langwierigem Streit erhielt er aus der Erbschaft der mit Emich beginnenden und jetzt erlöschenden Hadamarschen Linie einen Theil des Gerichts Ellar, ein Drittel von Hadamar, die Esterau und die Hälfte der Vogtei Ems. Wahrscheinlich überließ ihm der Erzbischof von Köln für seine Verzichtleistung auf die Graf schaft Arnsberg, auf welche Johann Ansprüche hatte, den Alleinbesitz von Siegen.[1] Mit Bestimmtheit wissen wir allerdings nur, daß 1421 eine solche Gemeinschaft nicht mehr bestand. 1393 erwarb Johann einen Theil der ehemals bedeutenden Herrschaft Greifenstein.

Nach dem Tode ihres Vaters führten die vier Söhne Adolf, Johann II., Engelbert und Johann III. die Regierung gemeinsam (1416—1442). Schon 1405 hatte Engelbert durch seine Vermählung mit der Erbtochter des Herrn von Polanen und Leck eine Anzahl in den Niederlanden gelegener Herrschaften an sein Haus gebracht. Durch ihre Großmutter Adelheid erbten sie 1420 die Grafschaft Vianden nebst verschiedenen Herrschaften. Von dem Erbe des mit Jutta, der einzigen Tochter des Grafen von Diez, verheiratheten Adolf erhielten nach dessen Tode 1420 seine übrigen Brüder die halbe Grafschaft Diez. Die letzten Herren von Wildenberg überließen ihnen ihre sämmtlichen Leibeigenen im Siegenschen als Pfand, woraus nach dem baldigen Aussterben des Mannsstammes ein Eigenthum wurde.

Nach dem Tode des letzten der vier Brüder waren Johann IV. und Heinrich II., die Söhne des 1542 verstorbenen Engelbert, die einzigen Erben. Johann, nach seines Bruders Tode 1450 oder 1451 der alleinige Herrscher, erhielt durch seine Ehe mit der Tochter Johanns von Loen und Heinsberg die Herrschaften Millen, Gangelt und Vucht. Da sich so der Schwerpunkt der nassauischen Macht immer mehr auf die linksrheinischen Gebiete verschob, hatte er seine gewöhnliche Residenz in Breda, während Philipp der Alte von Bicken zum Statthalter über seine rechtsrheinischen Besitzungen bestellt war.[2]

Nach Johanns Tod erfolgte eine Jahrhunderte dauernde Trennung der nassau ottonischen Länder, indem von seinen Söhnen Engelbrecht die linksrheinischen, Johann V. (1475—1516) die rechts rheinischen erhielt. Letzterer befestigte seinen Besitz durch mehrere vortheilhafte Vergleiche mit ein heimischen Adligen.

Da Johanns Sohn Heinrich 1504 von seinem Oheim Engelbert die niederländischen Besitzungen erbte, so erhielt der andere, Wilhelm der Reiche (1516—1559), die deutschen, also das Gebiet seines Vaters. Gemäß dem Vertrage, welcher den schon 1507 unter seinem Vater begonnenen kostspieligen katzenellenbogischen Erbfolgestreit beendigte, erlangte Wilhelm vom Landgrafen das hessische Viertel der Grafschaft Diez und die Hälfte von Hadamar. Schon lange der Reformation zugethan, führte er trotz dem Abrathen des Kaisers und seines Bruders Heinrich 1533 die Nürnberger Kirchenordnung ein.

---

[1] Achenbach, Gesch. II 44, 45.
[2] Vergl. die Familie von Bicken unter Kirchspiel Irmgarteichen.
[3] Arnoldi, Gesch. III, § 52.

Wilhelms ältester gleichnamiger Sohn, der später so berühmte Befreier der Niederlande, erbte von seinem Vetter Renatus dessen niederländische Gebiete und wurde der Gründer der oranischen Linie. Dafür verzichtete er auf alle väterlichen Besitzungen, welche daher Johann und seine drei übrigen Brüder erbten. Da letztere aber im Kampfe für die Freiheit der Niederlande einen frühzeitigen Tod fanden, so wurde Johann alleiniger Herrscher (1559—1606). 1561 kam nach dem Aussterben der Beilsteinischen Linie deren Gebiet unter seine Herrschaft. 1579 führte er das reformierte Bekenntnis in unserer Gegend ein und beseitigte die Leibeigenschaft, welche im Siegenschen und in Dillenburg seltener war, auf anderen Gegenden aber noch schwer lastete.

Nach seinem Tode entstanden durch Theilung fünf Linien, die Hadamarsche, Diezische, Siegener, Dillenburger und Beilsteiner.[1] Der Haupttheil des Kreises Siegen, das Siegerland, bildete das Gebiet der Nassau Siegener Linie, welche mit Johann VII. dem Mittleren (1606—1625) beginnt. Schon 1607 bestimmte er in einem Testamente, daß der älteste Sohn das kleine Land ungetheilt erben sollte. Als aber der voraussichtliche Thronfolger Johann Franz zum Katholicismus übergetreten war, machte er aus Besorgnis um die Erhaltung der reformierten Religion in einem neuen Testamente aus seinem Lande drei Erbtheile. Für Johann Franz, zum Unterschiede von seinem Vater „der Jüngere" genannt, bestimmte er das Amt Netten und den Theil des Haingerichts[2] auf der linken Seite der Ferndorf und Sieg, für seinen folgenden Sohn Wilhelm das Schloß Ginsberg mit den Kirchspielen Hilchenbach, Ferndorf und Crombach, für Johann Moritz, den ältesten Sohn aus zweiter Ehe, als dritten Stamm-theil das Amt und Gericht Freudenberg und den auf der rechten Seite der Ferndorf und Sieg gelegenen Theil des Haingerichts. Jedem der Söhne sollte ein Drittel von Siegen gehören, und die Ausübung verschiedener Hoheitsrechte u. s. w. sollte gemeinsam sein.[3] Aber nach dem Tode des Vaters 1625 bemächtigte sich Johann der Jüngere des ganzen Landes und bewilligte dann nur seinem Vollbruder Wilhelm das Amt und Gericht Hilchenbach und verschiedene Höfe und Dörfer aus dem Amte Ferndorf und Netten.[4]

Entgegen seinem bei der Huldigung gegebenen Versprechen befahl er 1626 die Wiederein-führung der katholischen Religion und ging mit strengen Strafen gegen die Widerstrebenden vor. Nur während der Anwesenheit von Johann Moritz von 1652 bis 1656 hörten die Verfolgungen auf, und die reformierten Prediger wirkten während der Zeit wieder an der Stelle der katholischen. Außerdem verursachte auch namentlich der spätere Theil des dreißigjährigen Krieges dem Lande mancherlei Leiden, wenn auch nicht in dem Grade wie im benachbarten Nassauischen.[5] Erst als Johann Moritz nach ruhmreichem Aufenthalte in Brasilien 1645 nach Siegen zurückkehrte, hörten die Verfolgungen im größten Theile des Landes auf. Eine kaiserliche Kommission regelte dann alles 1650 und 1651 und bestätigte die in dem Testament von 1621 festgesetzte Theilung des Landes, nach welcher Johann Franz Desideratus, der Sohn des 1658 verstorbenen Johanns des Jüngeren, das dem letzteren zugewiesene, zum größten Theile katholisch gewordene Drittel, also das Amt Netten u. s. w. erhielt. In den Besitz von Johann Moritz kam dagegen nach dem inzwischen erfolgten Tode Wilhelms der zweite Stammtheil Hilchenbach u. s. w. und nach dem freiwilligen Rücktritt seines jüngeren Bruders

[1] Vergl. noch das hierüber unter Kirchspiel Burbach Erwähnte.
[2] Siehe Amt Weidenau.
[3] Achenbach, Gesch. VII 14—18.
[4] Achenbach, Gesch. VII 36.
[5] Achenbach, Gesch. VII 62.

Georg Friedrich auch der dritte Stammtheil, Freudenberg u. s. w., also hauptsächlich die evangelisch gebliebenen Landestheile, und von der Stadt, in welcher beide Konfessionen gemischt waren, die dazu gehörigen zwei Drittel. Beide Linien residierten in Siegen, die katholische im oberen Schloß, der früheren Burg, die evangelische im unteren Schloß oder Nassauischen Hof, dem früheren Franziskanerkloster, dessen Umbau von Johann Moritz begonnen und im Anfang des 18. Jahrhunderts beendigt wurde.

1652 wurden Graf Johann Moritz und ungefähr zu derselben Zeit auch die übrigen Mitglieder des Hauses Nassau in den erblichen Fürstenstand erhoben.

Der katholische Herrscher, welcher die von der kaiserlichen Kommission getroffenen Anordnungen nicht anerkennen wollte, setzte die Verfolgung der Reformierten in seinem Gebiete mit Ausnahme der Stadt fort.[1] Die reformierten Unterthanen von Johann Moritz sahen daher den kommenden Ereignissen mit Besorgniß entgegen, und dieselben wurden erst beseitigt, als er auf ihre dringenden Bitten seinen Neffen und Adoptivsohn Wilhelm Moritz zum Mitregenten annahm und so dessen Thronfolge gesichert war, als sein Pflegevater 1679 sein thatenreiches Leben beschloß. Der katholische Fürst erhob dann, wenn auch ohne Erfolg, Anspruch auf ein zweites Drittel, und die zahlreichen kleinlichen, oft mit Blutvergießen verbundenen Zänkereien[2] hörten erst mit dem Aussterben der beiden Linien auf.

In der reformierten Linie folgte auf Wilhelm Moritz 1691 sein Sohn Friedrich Wilhelm Adolf, ein für das Wohl seines Ländchens thätiger Fürst, der aber namentlich durch sein lächerliches Bestreben, die Einrichtungen großer Staaten nachzuahmen, den Landbewohnern erhebliche Lasten aufbürdete.

In der Herrschaft über das andere, katholische Drittel war auf den 1699 verstorbenen Johann Franz Desideratus sein Sohn Hyacinth gefolgt, ohne Zweifel einer der wahnwitzigsten Despoten, die je auf deutschen Fürstenthronen gesessen haben.[3]

Wegen der vielen über ihn einlaufenden Klagen sah sich endlich der Reichshofrath veranlaßt, ihm 1711 die Regierung aus der Hand zu nehmen und sein Land unter eine mehrfach wechselnde Verwaltung zu stellen. Da nach dem 1734 erfolgten Tode von Friedrich Wilhelm Adolf auch die evangelische Linie ausgestorben war, so kam 1738 trotz der eifrigen Gegenbestrebungen der katholischen Partei das ganze Siegerland unter die Verwaltung vom Fürsten Christian von Nassau Dillenburg und von Wilhelm Karl Heinrich Friso, Fürsten von Nassau Diez, gewöhnlich Wilhelm IV. von Oranien genannt, als den nächstberechtigten Erben. Mit Hyacinth kam dann 1742 endlich ein Vergleich zu stande. Nach diesem erhielt er die Regierung über Nassau Hadamar, dessen Herrscherhaus schon 1711 ausgestorben war, nebst einer jährlichen Rente; dafür trat er das ganze Siegerland nebst Dillenburg, auf welches er nach Christians Tod gleichfalls Anspruch hatte, an den Prinzen Wilhelm IV. von Oranien, den Fürsten von Nassau Diez, ab. Da nach dem Tode Hyacinths 1743 auch Hadamar an den Fürsten von Diez zurückfiel, so waren die sämmtlichen nassau ottonischen Lande wieder in einer Hand und führten seitdem den Namen nassau oranische Fürstenthümer.

Der neue Herrscher auch unseres Kreises hatte als Statthalter der Niederlande dort seinen gewöhnlichen Aufenthalt. Doch wurde bereits 1742 Dillenburg der Sitz einer Landesregierung. In Siegen ebenso wie in Diez wurde 1743 ein Unterdirektorium errichtet, welches innerhalb seines Bezirks die Aufträge der Landeskollegien zu erledigen hatte. Außer dem Unterdirektorium waren für das

[1] Achenbach, Gesch. X, 1 7—12.
[2] Achenbach, Gesch. IX 37—65.
[3] Achenbach, Gesch. XII 50—52.

Berg und Hüttenwesen das Bergverhör und die mit der Justizverwaltung und Polizei betrauten fürstlichen Aemter als Unterbehörden in Siegen vorhanden. Der letzteren wurden vier, nämlich die vor dem Hain, Hilchenbach, Freudenberg und das Obergericht Netfen errichtet.

Auf Wilhelm IV. folgte nach deſſen frühzeitigem Tode 1751 ſein dreijähriger Sohn Wilhelm V., welcher 1766 die Regierung an Stelle der bisherigen vormundſchaftlichen ſelbſt übernahm. Unter ſeiner wie ſeines Vorgängers ſorgfältigen und väterlichen Verwaltung hob ſich im Siegerlande nach der entſetzlichen Mißwirthſchaft der vorhergehenden Zeit der geſunkene Wohlſtand wieder. Leider begann aber ſchon während der Regierungszeit Wilhelms V. für unſere Gegend von neuem eine ſchreckliche Leidenszeit in Folge der Revolutionskriege; namentlich litten die Bewohner ſo ſehr unter den Plünderungen und Erpreſſungen der Franzoſen, daß ſie gänzlich verarmt waren, als endlich 1801 der Friede zu Luneville geſchloſſen wurde. [1]

Schon 1795 war Friedrich V. vor den franzöſiſchen Truppen aus den Niederlanden nach England geflohen, kehrte erſt 1801 zurück und nahm zu Oranienſtein ſeinen dauernden Wohnſitz.

Nach ſeinem Tode 1806 folgte ihm ſein Sohn Wilhelm Friedrich, wurde aber ſchon in demſelben Jahre durch Napoleon ſeiner ſämmtlichen Erblande beraubt. Die Fürſtenthümer Siegen, Dillenburg und Hadamar wurden dem neugebildeten Großherzogthum Berg zugetheilt und kamen ſo unter die Herrſchaft von Murat, während dem Herzog von Naſſau Uſingen die Grafſchaft Diez nebſt dem Hickeu und Freiengrunde zufielen, ſo daß dieſer Theil des jetzigen Kreiſes Siegen von der Fremdherrſchaft verſchont blieb. In Folge der Erneuerung Murats zum König von Neapel 1808 nahm Napoleon das Großherzogthum unter ſeine unmittelbare Verwaltung. Das Siegerland nebſt Dillenburg und Hadamar gehörte dem Siegdepartement an, deſſen Hauptſtadt Dillenburg war.

Nach der Vertreibung der Franzoſen kamen die naſſau oraniſchen Fürſtenthümer durch Tauſch an Preußen und darauf mit Ausnahme eines Theils vom Siegerlande an Naſſau. Bald nachher ſollte auch der Wunſch der Siegerländer, nun wenigſtens ungetrennt zu Preußen zu gehören, erfüllt werden; denn 1816 trat der Herzog von Naſſau ſeinen Antheil am Siegerland nebſt dem freien und Hickengrunde an dieſen Staat ab. So entſtand der jetzige Kreis Siegen, welcher zuerſt der Rheinprovinz, 1817 aber der Provinz Weſtfalen überwieſen wurde.

Quellen und Litteratur:

Ordnung des wolgeporenen Herrn Johann Grave zu Naſſau der zween Ampte Siegen und Dillenburg 1508.
Naſſauiſch katzenellenbogiſche Landesordnung vom 1. Mai 1616. Corpus constitutionum nassovicarum.
Tertor von Haiger. Naſſauiſche Chronik. Wetzlar 1712.
Mart. Zeiler = Topographia Hassiae et regionum vicinarum. Francof. 1741. Mit den Kupfern von Siegen, Haiger u. ſ. w.
Merians Topographien.
J. A. Bernhard: Wetteraniſcher Geographus. Frankfurt 1744.
Heinrich Stillings Jugend, Jünglingsjahre und Wanderſchaft. 1777.
Kremer: Originum Nassovicarum part I, II. Wiesbaden 1779.
Dillenburgiſche Intelligenz-Nachrichten von 1775—1815.
Staats- und landwirthſchaftliche Nachrichten von Naſſau-Siegen. In Schlözers Briefwechſel. Heft 42. Seite 273 u. f. w. und Heft 55, Seite 50 u. f. w. 1781.
Becker: Mineralogiſche Beſchreibung der oranien naſſauiſchen Lande u. ſ. w. Marburg 1789.
Oranien naſſauiſcher Staats- und Adreß-Kalender.
J. v. Arnoldi: Topographie der oranien naſſauiſchen Länder im Journal von und für Deutſchland 1790.

[1] Achenbach, Geſch. XI 74—88.

J. v. Arnoldi: Miscellaneen aus der Diplomatik und Geschichte. Marburg 1798.

J. v. Arnoldi: Geschichte der oranien nassauischen Länder und ihrer Regenten. Hadamar. 3 Bände. 1799—1801.

Versuch einer Nassauischen Geschichtsbibliothek. Hadamar und Herborn 1799.

Weisthum der Gesetze u. s. w. der nassauischen Lande Ottonischer Linie. 3 Bände. Hadamar 1802.

Steubing: Kirchen und Reformationsgeschichte der oranien nassauischen Lande. Hadamar 1804.

Dr. Wendelstädt's Durchflug durch's Fürstenthum Siegen. Dortmund 1817.

Steubing: Geschichte der hohen Schule Herborn. Hadamar 1825.

Siegerländer Intelligenzblatt, später Siegener Zeitung von 1825 an.

Kampz: Die Provinzial und statutarischen Rechte der preußischen Monarchie. II. Theil, Berlin 1827, enthält Seite 215—228 eine vollständige Aufzählung der Rechtsquellen des Kreises.

C. D. Vogel: Historische Topographie des Herzogthums Nassau. Herborn 1836.

K. J. Schenck: Statistik des Kreises Siegen. Siegen 1839.

Lorsbach: Beiträge zur Geschichte der lateinischen Schule in den Programmen der Siegener Realschule von 1841, 1844, 1849, 1855 und 1859.

Rintelen: Revidirter Entwurf der Particularrechte des Fürstenthums Siegen und der Aemter Burbach und Neunkirchen. Berlin 1841.

Höchling: Anmerkungen dazu. Siegen 1843.

C. D. Vogel: Beschreibung des Herzogthums Nassau. Wiesbaden 1843.

B. Schütz: Das Siegerländer Sprachidiom. Programm der Realschule zu Siegen von 1845 und 1846.

Deisen: Leben des Fürsten Moritz von Nassau Siegen. Berlin 1850.

Born: Das Siegthal. Bonn 1854.

August Gertner: Mythen und Blüthen aus dem Siegerlande. Siegen 1855.

Fr. Göbel: Mittheilungen zur Geschichte des ehemaligen reformirten Pädagogiums zu Siegen. Gütersloh 1859.

Achenbach: Die Haubergsgenossenschaften des Siegerlandes. Bonn 1863.

v. Dörnberg, Freiherr: Statistische Nachrichten über den Kreis Siegen aus den Jahren 1861—1863. Siegen 1865.

Dr. H. Achenbach: Der Kreis Siegen. Siegen 1865.

Fr. W. Kuno: Johann der Aeltere von Nassau Dillenburg, ein fürstlicher Reformator. Nach den Hauptmomenten seines Lebens geschildert mit dem Bildniß des Grafen. Halle 1869.

Ortmann: Heimathskunde vom Kreis Siegen. Siegen 1869.

Dr. Jak. Heinzerling: Ueber den Vocalismus und Konsonantismus der Siegerländer Mundart. Marburg 1871.

Fr. W. Kuno: Geschichte der Stadt Siegen mit besonderer Berücksichtigung des evangelischen Kirchenwesens daselbst. Dillenburg 1872.

Matth. Dahlhoff: Geschichte der Grafschaft Sayn u. s. w., besonders in kirchlicher Beziehung. Dillenburg 1874.

Christian Nostiz: Der Kreis Siegen und seine Bewohner. Siegen 1874.

Blätter des Vereins für Urgeschichte und Alterthumskunde in den Kreisen Siegen, Olpe, Wittgenstein und Altenkirchen. Siegen 1880—1886.

Dr. Jak. Heinzerling: Das Siegerland in: Unser deutsches Land und Volk. Bilder vom Niederrhein, herausgegeben von Dr. J. Nover. Leipzig und Berlin 1882.

Dr. F. Philippi: Siegener Urkundenbuch. I. Abtheilung bis 1350. Siegen 1887.

Levin Schücking und Ferdinand Freiligrath: Das malerische und romantische Westfalen. III. Auflage. Von L. Bungert. Paderborn 1890.

Dr. Jak. Heinzerling: Probe eines Wörterbuchs der Siegerländer Mundart. Programm des Siegener Realgymnasiums 1891.

Bernhard Schmidt Dr. phil.: Der Vocalismus der Siegerländer Mundart. Halle a. S. 1894.

Dr. H. von Achenbach: Geschichte der Stadt Siegen. 2 Bände, Nr. I—XII. Siegen 1894.

Dr. H. von Achenbach: Aus des Siegerlandes Vergangenheit. Band I, Siegen 1895. Band II, Siegen 1898. Eine Fortsetzung erscheint seit 1900 als Beilage der Siegener Zeitung.

Dr. Gustav Eskuche: Siegerländische Kinderliedchen. 1898.

Handschriftliches:

Eine Chronik von Siegen 1592—1788 im Besitz des Herrn H. Reusch in Siegen.

Chroniken von mehreren Kirchspielen und Aemtern und Urkunden in den betreffenden Archiven.

Dahlhoff: Kirchen und Schulsachen des Kreises Siegen. Die Handschrift enthält ein sorgfältiges Verzeichniß der Pfarrer und Lehrer des Kreises von früher Zeit an und ist im Besitz des Herrn Dahlhoff in Eisern.

Akten und Urkunden im Landesarchiv zu Münster.

Handschriftliches im Landesarchiv zu Wiesbaden:

1. Aus Vogel's Nachlaß: Abschriften von Siegerländer Urkunden bis zum 14. Jahrhundert, der Anfang einer Geschichte des Siegerlandes und einige Aufzeichnungen über Pfarreien des Siegerlandes.

2. Das Nassauische Kollaturbuch, wahrscheinlich aus dem 15. Jahrhundert.

3. Die Abschrift einer Chronik von Siegen: Historica annotatio brevis was in der Stadt Siegen geschehen und sich zugetragen, scripta a me Johanne Petro Grimmio seniore Anno 1722. Vergl. im Siegener Intelligenzblatt 1824, Nr. 6—22 genauere Nachricht darüber nebst Auszug.

Der Kreis Siegen enthält 120 politische Gemeinden. Dieselben vertheilen sich, abgesehen von den beiden Städten Siegen und Hilchenbach, auf die acht Aemter:

Burbach, Eiserfeld, Ferndorf, Freudenberg, Hilchenbach, Netfen, Weidenau, Wilnsdorf.

Der Kreis enthält 20 Kirchspiele, darunter 19 evangelische, der Diözese Siegen, und sieben katholische, dem Dekanat Siegen angehörige. Es sind dies:

Burbach, evangelisch. Clafeld, evangelisch. Crombach, evangelisch. Eiserfeld evangelisch. Ferndorf, evangelisch. Freudenberg, evangelisch und katholisch. Herdorf, evangelisch. Hilchenbach, evangelisch. Irmgarteichen, katholisch. Keppel, katholisch. Müfen, evangelisch. Netfen, evangelisch und katholisch. Neunkirchen, evangelisch. Niederdresselndorf, evangelisch. Niederschelden, evangelisch. Oberfischbach, evangelisch. Oberholzflau, evangelisch. Rödchen, evangelisch. Rödchen Wilnsdorf, katholisch. Siegen, evangelisch und katholisch. Weidenau, evangelisch und katholisch. Wilnsdorf evangelisch.

Von diesen liegt Herdorf theilweise außerhalb des Kreises und ist in demselben nur durch das ursprünglich zu Neunkirchen gehörige Struthütten vertreten, weßhalb bei letzterem Kirchspiel von ihm die Rede sein wird.

Von den Kirchspielen des Kreises entstanden schon im Mittelalter die drei des Amtes Burbach oder des Freien und Hickengrundes, also Burbach, Neunkirchen und Niederdresselndorf, welche nebst verschiedenen außerhalb des Kreises liegenden aus dem alten Kirchspiel Haiger hervorgingen. Im Siegerland entstanden aus dem ursprünglich vermuthlich allein vorhandenen Kirchspiel Siegen wahrscheinlich zuerst Siegen und Netfen, und von diesen zweigten sich dann allmählich die übrigen ab, so daß wir im Anfang des 14. Jahrhunderts die neun Kirchspiele Crombach, Ferndorf, Hilchenbach, Irmgarteichen, Netfen, Oberholzflau, Oberfischbach, Rödchen und Siegen vorfinden.[1] Dazu kommt wohl als zehntes Wilnsdorf, welches wahrscheinlich auch im Mittelalter entstanden ist.

[1] Phil. XIII.

Abgesehen von der im 16. Jahrhundert erfolgten Zusammenlegung von Rödchen und Wilnsdorf erhielt sich diese Eintheilung des Siegerlandes bis zum 17. Jahrhundert. In diesem entstanden dadurch drei neue, daß Siegen, Netfen und Rödchen-Wilnsdorf in evangelische und katholische Kirchspiele zerfielen, ferner zweigten sich noch zwei, Müsen und Freudenberg, von vorhandenen Kirchspielen aus besonderer Veranlassung ab.

Eine weitere erhebliche Vermehrung der Pfarreien erfolgte dann nach der Mitte des 19. Jahrhunderts wegen der starken Zunahme der Bevölkerung. Aus dem alten Kirchspiel Siegen, wo die Zunahme am stärksten war, gingen noch vier neue evangelische: Eiserfeld, Weidenau, Clafeld, Niederschelden und das katholische Weidenau hervor. Ebenso erfolgte die Neubildung der katholischen Pfarreien Keppel und Freudenberg und die Trennung der vorher vereinigten evangelischen Pfarreien Rödchen und Wilnsdorf.

Volkstrachten des Hickengrundes.

Nach Aufnahmen von H. Schmeck, Siegen.

Burbach.

Das Kirchspiel Burbach (66,5 qkm mit 4065 Evangelischen, 50 Katholiken und 69 anderen Christen) liegt im Gebiet der oberen Heller und umfaßt die Gemeinden Burbach, Lippe, Würgendorf, Gilsbach, Wahlbach, Wiederstein und Zeppenfeld. Bis 1893 gehörte hierher auch von dem nach Wilnsdorf abgezweigten Wilden der Theil auf der linken Seite des Baches.

Von der aus dem alten Kirchspiel Haiger[2] hervorgegangenen Pfarrei Burbach erhalten wir die erste Nachricht durch eine Urkunde von 1219,[3] in welcher unter mehreren dieselbe unterzeichnenden Geistlichen der Umgegend sich auch Wipertus de Burbach findet. Die Kirche zu Haiger hatte der König Konrad I 913 an das Stift Weilburg geschenkt, mit welchem sie 993 als Eigenthum an Worms überging.[4] Die dortigen Bischöfe besaßen daher auch den Kirchensatz in den von Haiger abgezweigten Kirchspielen Burbach, Neunkirchen und Niederdresselndorf und übertrugen denselben den Kolben von Wilnsdorf, welche das Patronat bis zum Aussterben des Geschlechts im 16. Jahrhundert behielten.

Wie im Siegerlande, so wurde auch im Freiengrunde die Reformation unter dem Grafen Wilhelm eingeführt; darauf nahm derselbe, wie für alle Kirchspiele seiner Grafschaft, auch für Burbach und

---

[1] Wandmalerei der Kirche zu Crombach, 1:5. (Siehe unten.) Nach Aufnahme von Architekt Albrecht, Siegen.
[2] Vergl. die geschichtliche Einleitung.
[3] Phil., Seite 8.
[4] Vergl. Vogel: Topographie u. s. w. 142.

Neunkirchen die geistliche Gerichtsbarkeit und das Patronat in Anspruch. Als dann 1560 auch der Graf von Sayn[1] die lutherische Lehre annahm und die gleichen Rechte hier beanspruchte, entstand deßhalb ein Streit, der 1584 durch den Burbacher Vertrag beendigt wurde. Nach demselben sollte fernerhin Nassau die Pfarrei Burbach und Sayn die Pfarrei Neunkirchen besetzen. Schon während des Kollaturstreites war in Burbach, wie in den übrigen Gebieten der Grafen von Nassau, der reformirte Gottesdienst eingerichtet worden.

Die alte, der heiligen Maria geweihte Kirche in Burbach entstand wohl zur Zeit der Gründung des Kirchspiels, wurde aber wegen Baufälligkeit mit Ausnahme des Thurmes abgebrochen. Der Neubau wurde 1774 begonnen und war 1776 beendigt. Außerdem gab es im Kirchspiele drei Kapellen, nämlich in Lippe, Würgendorf und dem nach Wilnsdorf ungepfarrten Wilden.

Neben dem Pfarrer wirkte von Alters her in Burbach ein Kaplan, der zugleich das Kantor-, Schul- und Glockenamt hatte. 1760 wurde das Kantor- und Schulamt davon getrennt und die Kaplanei zur Würde einer ordentlichen Pfarrei erhoben.

Das Kirchdorf Burbach ist zugleich der Sitz des gleichnamigen Amtes, welches auch die beiden ebenfalls im früheren Haigergau[2] gelegenen Kirchspiele Neunkirchen und Niederdresselndorf umfaßt.

In der schon erwähnten Urkunde von 1048 findet sich für den ganzen Haigergau die Bezeichnung praedium virorum liberorum, ein Name, der an einem Theile des Gaues, dem jetzigen Freiengrunde, deßhalb wahrscheinlich haften blieb, weil gerade hier wegen der nachher geschilderten Doppelherrschaft die Landeshoheit sich erst spät entwickelte und die Bewohner sich noch lange viele Freiheiten, so das Recht der Fischerei, der Jagd und des Bergbaues sicherten. Der Haigergau war also ursprünglich eine Genossenschaft von freien Bauern, die sich unmittelbar dem Schutze des Kaisers unterstellt hatten.[3] Dem entsprechend finden wir hier die Pfalzgrafen bei Rhein im Anfang des 14. Jahrhunderts im Besitz der höchsten Gerichtsbarkeit, die sie als Lehen an die Herren von Molsberg, ein Dynastengeschlecht auf dem Westerwalde, vergeben hatten. Diese hatten damit wieder ihrerseits eingeborene adlige Geschlechter beliehen und zwar in dem den Hickengrund mit umfassenden Gerichte Haiger die von Haiger, in dem Gerichte Selbach, dem jetzigen Freiengrunde, die von Selbach. Weil aber der Haigergau zwischen dem Gebiete der nassauischen Grafen lag, haben diese wohl früh Rechte und Eigenthum zu erwerben gesucht. Bestimmtes hierüber erfahren wir erst aus der Zeit des nassauischen Grafen Heinrich I.

Derselbe erwarb 1311 von Gyso von Molsberg die gräfliche Gerichtsbarkeit über die Hälfte des Gerichts Haiger als pfälzisches Lehen und 1325 die andere Hälfte nebst Waldungen u. s. w. von den Ganerben von Haiger. 1327 erkaufte dann Heinrich von Gyso von Molsberg auch die Herrschaft Selbach, wo der Graf von Nassau schon Hochwaldungen und Güter besaß, mit Mannen, Gütern und Gericht. Doch wollten die von Selbach, welchen Sayn beistand, sich nicht fügen. Endlich kam es 1379 zu einem Vergleiche, nach welchem den Grafen von Nassau die Vogtei, denen von Selbach aber die Gerichtsbarkeit zugestanden wurde. 1417 erhielt dann auch der nassauische Graf die Belehnung von Kurpfalz.

Später erhob der Graf von Sayn, welcher ebenso wie Nassau eine Anzahl Leibeigener im Freiengrunde hatte, Anspruch auf dieses Gebiet. Nach vielen Streitigkeiten und Vergleichen erfolgte dann endlich ohne Berücksichtigung derer von Selbach 1584 zwischen Sayn und Nassau der Burbacher

---

[1] Ueber die gemeinschaftlichen Hoheitsansprüche beider Grafen vergl. die Geschichte des Amtes Burbach.

[2] Vergl. die allgemeine Einleitung.

[3] Genaueres hierüber siehe Vogel, Topographie, Seite 157, 158.

Vertrag. Nach demselben waren alle Kriminalsachen abwechselnd zu Dillenburg und Freusburg zu entscheiden; ferner sollten die außergerichtlichen Geschäfte von dem nassauischen Amtsvogte in Burbach und dem saynischen Schultheißen in Neunkirchen erledigt werden. Nach dem Aussterben der Saynischen Linie kam deren Antheil an den Grafen von Manderscheid und 1799 an den Fürsten Friedrich Wilhelm von Nassau-Weilburg. Bei der Theilung der Lande Johanns VI.[1] unter seine fünf Söhne 1607 kam der nassauische Antheil am Freiengrunde, ebenso wie der Hickengrund an Georg, den Stifter der Beilsteiner Linie, welcher den letzteren nun von dem übrigen, seinem Bruder, dem Gründer der Dillenburger Linie, zufallenden Theile des Gerichtes Haiger trennte und mit Burbach vereinigte. Die Beilsteiner Linie hörte schon 1620 auf. Denn als ihr Stifter das Gebiet des verstorbenen Dillenburger Grafen erbte und nur einen Theil seines bisherigen behielt, verlegte er seine Residenz nach Dillenburg. Beim Aussterben der Dillenburger Linie 1739 kam mit deren Gebiet auch der Freie und Hickengrund an Nassau-Diez.

Die im Vorhergehenden mehrfach erwähnten Ganerben von Selbach verdanken ihren Namen unzweifelhaft dem Wohnsitz an dem gleichnamigen Bache, welcher unterhalb Neunkirchen in die Heller mündet, wo jetzt das Dorf Altenselbach liegt. Sie traten zuerst als eine communitas mit gemeinsamem Siegel in einer Urkunde aus dem Jahre 1288 auf und hatten ihre Sitze in verschiedenen Orten des Freiengrundes, von welchen sie ihre besonderen Namen, wie Burbach, Dernbach, Neunkirchen, Zeppenfeld u. s. w. trugen. Ob sie alle von einer Familie abstammen, ist ungewiß. Jedenfalls wurden später auch andere Adelige, wie die von Bicken, in die Ganerbschaft aufgenommen. Sie traten zuerst als Lehnsleute der Herren von Molsberg und Grafen von Sayn auf. Einer der letzteren, Johann, schenkte ihnen 1330 den Berg Malsch zur Erbauung einer Burg Hohenselbach, welche wegen mancherlei Gewaltthätigkeiten der Besitzer schon 1352 vom Erzbischof Balduin von Trier zerstört wurde. Dasselbe wiederfuhr der anderen Selbachschen Burg zu Burbach durch den Coadjutor von Trier, Cuno von Falkenstein, um das Jahr 1367. Doch war damit noch keineswegs ihre Macht, die in den Streitigkeiten zwischen Sayn und Nassau noch lange Zeit eine Hauptstütze hatte, vernichtet, um so weniger, als einige von dem Geschlecht mittlerweile in benachbarten Gebieten, besonders im Siegerlande, festen Fuß gefaßt hatten. Erst im 17. Jahrhundert verschwindet das alte Geschlecht aus der Geschichte des Landes. Seine meisten Güter waren bereits als Mannlehen nach Aussterben der Lehensträger an den Lehnsherrn zurückgefallen. Einen großen Theil der Eigengüter erwarb 1708 der Prinz von Oranien von den Erben. Die ottonischen Antheile lösten sich dann in erbzinsweisen Verkäufen auf, und die Inhaber wurden unter der preußischen Verwaltung freie Eigenthümer.

Quellen und Litteratur:

Arnoldi, Gesch. III, § 27.
Arnoldi, Miscellaneen.
Der Hohenselbachskopf bei Altenselbach aus dem Nachlasse des Rechnungsrathes Heinr. Achenbach.
Geschichte der Grafschaft Sayn von Matth. Dahlhoff. Dillenburg 1874, Seite 285—376.
Beitrag zu einer Geschichte des Freiengrundes.
Der alte Hegergrund und seine Bewohner u. s. w. von Rechnungsrath Eduard Manger, in den Blättern für Urgeschichte u. s. w., Nr. 4, 5, 6, 7 und 14.
Historische Topographie des Herzogthums Nassau von C. D. Vogel. Herborn 1836.
Achenbach, S. V. II, 307—366: Von der Familie von Selbach.

[1] Vergl. Geschichtliche Einleitung.

Denkmäler-Verzeichniß der Gemeinde Burbach.

1. Dorf Burbach.

15 Kilometer südlich von Siegen.

Kirche, evangelisch, Spätrenaissance, 18. Jahrhundert,

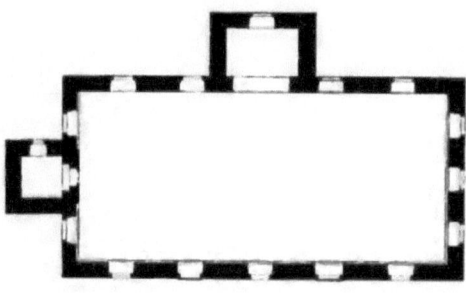

1 : 400

einschiffig, gerade geschlossen, mit Westthurm und nördlichem Anbau mit Giebel. Holzdecke. Fenster und Schalllöcher rundbogig, eintheilig; rund im Giebel des Anbaues. Thüren gerade geschlossen, am Thurm rundbogig.

2. Dorf Würgendorf.

15 Kilometer südöstlich von Siegen.

Kirche, evangelisch, Uebergang und Renaissance,

1 : 400

einschiffig, einjochig, Chor, Uebergang, einjochig mit 3/8 Schluß. Westthurm achteckig. Holzdecke im Schiff und Thurm. Kreuzgewölbe mit Graten im Chor, zwischen spitz-bogigen Blend- und Gurtbogen.

Fenster und Schallöcher eintheilig, flachbogig; im Chor rundbogig. Eingang gerade geschlossen.

1 **Glocke** mit Inschrift:

Anno 1760 gos mich iohann georg schneidewind in franckfurt vor die reformirte gemeinde wergern-dorff. 0,58 m Durchmesser.

Clafeld.

Das Kirchspiel Clafeld (8 qkm mit 3314 Evangelischen, 524 Katholiken, 99 anderen Christen, 3 Juden) liegt im Gebiet der Ferndorf oberhalb des Kirchspiels Weidenau und umfaßt die Gemeinden Clafeld, wozu auch das dicht dabei liegende Geisweid gehört, Dillnhütten und Birlenbach. Clafeld, in einer Urkunde 1079—1089 Clahvelde, hat seinen Namen von der Ebene an dem dort in die Ferndorf mündenden Bache.[1] Weil derselbe eine leicht verständliche Zusammensetzung ist, so kann der Ort nicht zu den ältesten Gründungen gerechnet werden, wenn er auch als Kapellendorf des alten Kirchspiels Siegen nicht zu den jüngsten zählt und bedeutend älter ist, als Geisweid sowohl wie Dillnhütten[2] und Birlenbach. Auch schon die viel größere Gemarkung von Clafeld (622 ha) im Gegensatz zu der von Dillnhütten (7 ha) und Birlenbach (129 ha) weist auf ein höheres Alter des ersteren hin. Namentlich in Folge des blühenden Eisengewerbes[3] vermehrte sich die Bevölkerung hier sehr stark, und 1897 erfolgte die Bildung des Kirchspiels durch Abtrennung von Weidenau, dessen frühere Geschichte also diejenige Clafelds einschließt.

[1] Genaueres hierüber siehe bei Kirchspiel Oberholzklau. Vergleiche die entsprechenden Namen unter Eiserfeld.
[2] Ueber die jüngsten Orte Genaueres unter Kirchspiel Weidenau.
[3] Siehe Weidenau.

Crombach.

Das Kirchspiel Crombach (49 qkm, mit 2686 Evangelischen, 67 Katholiken, 16 anderen Christen, 15 Juden) liegt im Nordwesten des Kreises und umfaßt das Gebiet der in die Ferndorf mündenden oberen und mittleren Littfeld. Dasselbe enthält die sechs Gemeinden Crombach, Littfeld, Burgholdinghausen, Stendenbach, Eichen mit Hammerhaus und Bockenbach. Es gehört zu den neun alten Kirchspielen des Siegerlandes und bildete dem entsprechend von Alters her einen später mit Ferndorf vereinigten Gerichtsbezirk.[2] Es wird 1345 zum ersten Mal urkundlich als Kirchspiel erwähnt[3] und hat sich trotz seines Alters im Gegensatz zu den meisten übrigen in gleicher Ausdehnung Jahrhunderte lang bis heute erhalten.

Als Kirchdörfer finden wir in den älteren Pfarreien gewöhnlich die frühesten Gründungen, wohl schon deshalb, weil sie bei der für die damaligen Verhältnisse günstigsten Lage auch gewöhnlich die größte Bevölkerung hatten. Der älteste Ort des Kirchspiels ist aber unzweifelhaft Littfeld.

Die jetzige Form des Namens könnte zwar bei ihrer Durchsichtigkeit auf ein geringeres Alter des Ortes schließen lassen. Sie ist aber eine Entstellung des früheren Litfe[4], dem das noch heute im Volksmund übliche Leffe entspricht. Letztere Form ist ebenso wie die nachher zu erwähnenden Namen der Kirchdörfer Netfen, Fischbe jetzt entstellt in Fischbach und wahrscheinlich auch Ferndorf eine Zusammensetzung mit Afa oder Apa, welches in der ältesten Zeit für das jetzige

---

[1] Wandmalerei der Kirche zu Crombach, 1:5. (Siehe Seite 19.) Nach Aufnahme von Architekt Albrecht, Siegen.
[2] Siehe Amt Ferndorf.
[3] Phil. 177.
[4] Geschrieben Litphe, Phil. 206. Dieselbe Form finden wir auch in dem Visitationsprotocoll 1574. Steubing, Reformationsgesch. 290.

Bach üblich war und hier wie anderwärts in den Namen sehr alter, nach den vorbeifließenden Bächen benannter Gründungen vorkommt.

Aber nicht Littfeld, sondern das viel jüngere Crombach wurde Kirchdorf, wohl weil letzteres mehr in der Mitte des Kirchspiels lag und vielleicht schon früh den älteren Ort an Ausdehnung erreicht haben mochte, wenigstens besaß es 1400 schon 24 Häuser, während Littfeld nur 23 aufwies.[1]

Das Patronat über die Kirche besaßen von Alters her die Herren von Wildenberg,[2] erst bei der Einführung der Reformation nahm der Graf von Nassau dasselbe, wie in den übrigen Landestheilen, für sich in Anspruch. Dieses Kirchspiel war das einzige im Siegerland, in welchem ein fremder Landesherr das Besetzungsrecht ausübte, wohl weil es mehr als irgend ein anderes an der äußersten Grenze des nassauischen Gebiets lag.

Die aus dem Mittelalter stammende Kirche war dem St. Ludgerus geweiht, was auf Einflüsse von Norden her hindeuten könnte. Daneben finden sich von Alters her Kapellen zu Eichen und Littfeld. Letztere hatte ebenso wie die Freudenberger Kapelle die St. Katharina als Schutzheilige.

Wie Crombach das einzige Kirchspiel war, in welchem ein fremder Landesherr das Patronat inne hatte, so wurde auch hier später als in einem andern die Landesherrschaft der nassauischen Grafen vollständig begründet. Dieselben besaßen hier ursprünglich eine Vogtei, aber daneben hatten die Herren von Wildenberg noch viele Güter und Leibeigene, welche sie 1352[3] pfandweise dem Grafen Heinrich überließen, und die erst 1417 unbestrittener nassauischer Besitz wurden. Das hier gelegene Gut Burgholdinghausen, von welchem noch im folgenden die Rede ist, blieb wahrscheinlich ein Lehen der Abtei Deuz bis zur Säcularisation derselben im Anfang des 19. Jahrhunderts.[4]

Im Norden des Kirchspiels Crombach war der Sitz der Familie von Holdinghausen.[5] Nach der Urkunde 1079—1089 übermachten zwei Brüder der vorher erwähnten Abtei Deuz außer mehreren anderen Besitzungen im Siegerland auch einen Hof zu „Haldinghusen". Denselben besaßen die Herren von Holdinghausen, welche schon gegen Ende des 15. Jahrhunderts in westfälischen Urkunden vorkommen, als Mannlehen von der Abtei. Als deren Vasallen wurden sie zuerst 1318 im Mannbuche derselben aufgeführt.

Der letzte männliche Nachkomme war Dietrich von Holdinghausen, Herr zu Almen und Schweppenburg, welcher 1684 starb und zwei Töchter hinterließ. Die älteste derselben, Maria Rosina, seine Erbin, verkaufte 1700 das Gut Holdinghausen nebst dem andern Besitz wegen Geldverlegenheit an die Fürstin Ernestine Charlotte von Nassau-Siegen. Doch wurde der Verkauf wegen des von vielen Seiten dagegen erhobenen Einspruchs rückgängig gemacht. 1780 wurde dasselbe an die Vorfahren des gegenwärtigen Grafen Fürstenberg veräußert, in deßen Besitz es sich noch als das einzige geschlossene adelige Gut des Kreises befindet.

Quellen und Litteratur:

Eine handschriftliche Chronik von Crombach von Pfarrer Achenbach.

Geschichtliche Nachrichten von Ferndorf, Junkernhees, Langenau und Burgholdinghausen von Rechnungsrath Manger, Siegen 1881.

[1] Arnoldi, Gesch. III, 2, S. 8.
[2] Phil. 118.
[3] Phil. 118.
[4] Achenbach S. V. II 11.
[5] Achenbach S. V. II 7—37.

Denkmäler-Verzeichniß der Gemeinde Crombach.

1. Dorf Crombach.
14 Kilometer nordwestlich von Siegen.

Kirche, evangelisch, romanisch und Uebergang.

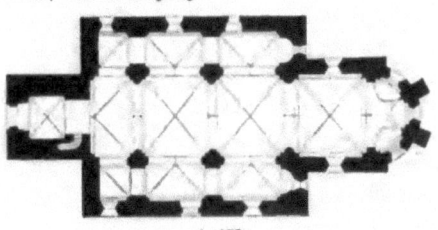

1 : 400

dreischiffig, dreijochig, das westliche Joch halb; Wandapsiden in den Seitenschiffen, Chor einjochig mit Apsis. Westthurm romanisch, in 2 Geschossen gewölbt. Strebepfeiler der Apsis später. Kreuzgewölbe mit angeputzten Graten, in den Seitenschiffen einhüftig, auf quadratischen Pfeilern mit Halbkreisvorlagen und auf Wandpfeilern, zwischen spitzbogigen Gurten und Wand blenden, zwischen rundbogigen in den Seitenschiffen. In der Chorapsis Kuppel mit Stich kappen auf Wand Pfeilern und Diensten. Pfeilerkapitelle mit Eckknollen. Kapitelle der Wand dienste mit Köpfen und Laubwerk; Basis mit Eckblatt.

Fenster, rundbogig, eintheilig. Schalllöcher rundbogig, zweitheilig mit Mittelsäulchen.[1] Portale, rundbogig, das der Südseite mit verstümmeltem Kleeblattschluß.

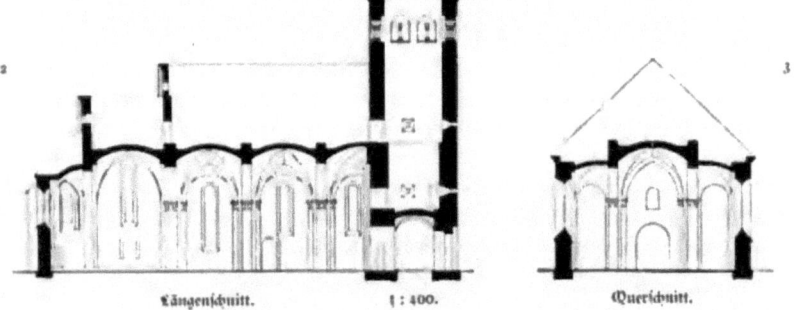

2   Längenschnitt.   1 : 400.   Querschnitt.   3

Sakramentshäuschen, Rest, gothisch; verstümmelte Verdachung mit Spitzbogen und Maßwerk bekrönung; 88 cm breit, 97 cm hoch.

Pokal, Renaissance, von Silber, mit Deckel, Inschrift und Jahreszahl 1664, 28,5 cm hoch.

Wandmalerei,[3] Uebergang, Reste. (Abbildungen siehe Ueberschriften.)

---

[1] Nach Osten und Westen noch erhalten.
[2] und [3] Nach Aufnahmen von Architekt Albrecht in Siegen.

3 Glocken mit Inschriften:

1.

$$\overline{\underline{}}$$

✠ · I M D I C O · D I V I M ꓹ ·

D V N · P V L S O R ·

Ꮛ Ꮯ O · K ꓹ T Ꮛ R I N ꓹ · · ✠

1,08 m Durchmesser.

2. Iohan mauritz fürst zu nassau. hermannus solbach pastor anno MDCLXV (1665) Iohannes pampus und frantz seelbach beide Kirchmeistere h. jacob cromel gos mich. 1,01 m Durchmesser.

3. Neu.

Crombach.

1.

2.

Lichtdruck von Römmler & Jonas, Dresden. Aufnahmen von U. Cuberff 1897.

Eiferfeld.

Das Kirchspiel Eiferfeld (faft 12½ qkm 2685 Evangelifche, 368 Katholiken, 335 andere Chriften, 13 Juden) liegt im Südweften des Kreifes und umfaßt nur das eine gleichbenannte Dorf. Daß diefes groß genug ift, um für fich allein ein Kirchfpiel zu bilden, rührt daher, daß es im Verein mit dem angrenzenden Kirchfpiel Niederfchelden einer der Hauptfitze des Siegerländer Eifengewerbes und eines blühenden Bergbaues ift.

Der Name, in älterer Form 1292[1] Vfernvelde und 1342 Vfrinvelde[2], beruht auf der Lage des Ortes in der Ebene an der Mündung der Eifern oder richtiger Eifer in die Sieg[3]. Während das weiter oben an diefem Bache gelegene Eifern[4] zu den älteften Gründungen des Landes gehört, ift Eiferfeld, wie feine durchfichtige Namensform beweift, jüngeren Urfprungs. Immerhin muß fein Alter fchon ein erhebliches fein, denn es ift eines der 4 Kapellendörfer im alten Kirch fpiel Siegen. 1869 wurde es Filiale von Siegen und erft 1873 ein felbftändiges Kirchfpiel.

Entgegen der urfprünglichen Beftimmung des Teftamentes Johanns des Mittleren[5] wurde Eiferfeld 1623 nachträglich Johann dem Jüngeren zugefprochen und ftand daher dauernd unter katholifcher Herrfchaft. Doch hatten auch hier wie im übrigen Haingericht[6] die Bemühungen der Jefuiten nur geringen Erfolg. Die früher kleine Zahl von Katholiken hat fich wohl erft durch Zuzug von außen derartig vermehrt, daß dort feit 1895 eine Miffionspfarrei errichtet ift, zu welcher auch die Katholiken von Niederfchelden und Gofenbach gehören.

Eiferfeld ift zugleich der Sitz des gleichnamigen Amtes, zu welchem außer ihm noch die beiden ebenfalls im Südweften gelegenen Niederfchelden und Gofenbach gehören. Diefelben bildeten früher einen Theil des Haingerichts und fpäter des aus demfelben hervorgehenden Amtes Weidenau, bis fie fich 1877 als befonderes Amt abzweigten.

[1] Phil. 41.
[2] Phil. 189.
[3] Vergl. die entfprechende Namenbildung unter Clafeld.
[4] Siehe Kirchfpiel Rödgen.
[5] Vergl. Allgem. Einleitung.
[6] Siehe Kirchfpiel Siegen.

Ferndorf.

Das Kirchspiel Ferndorf (55½ qkm, mit 5025 Evan gelischen, 257 Katholiken, 25 anderen Christen) liegt im Nord westen des Kreises im Gebiet der mittleren Ferndorf und der unteren Littfeld und Hees. Es enthält die Gemeinden Fern dorf, Ernsdorf mit Kreuzthal, Fellinghausen mit Weiden und Dornseifen, Osthelden mit Junkernhees, Buchen, Kredenbach mit Lohe, Buschhütten mit Bottenbach, und Sohlbach. Von den drei letzten Gemeinden kamen Kredenbach und Buschhütten erst in Folge des Testaments Johanns des Mittleren von Netten nach Ferndorf, und Sohlbach, welches früher theilweise zum alten Kirchspiel Siegen gehörte, wurde erst im neunzehnten Jahrhundert Ferndorf vollständig einverleibt, während es noch heute politisch ganz zum Amt Weidenau gehört. Dagegen verlor Ferndorf 1627 einen Theil seines früheren Gebiets durch Abzweigung des Kirchspiels Müsen. In Folge der Größe des Kirchspiels wurde hier 1895 eine zweite Pfarrstelle gegründet.

Ferndorf ist eines der neun alten Kirchspiele des Sieger landes, und das Kirchdorf gehört auch dem entsprechend zu den ältesten Gründungen des Landes.

Die jetzige, scheinbar leicht verständliche Form des Namens könnte zwar auf ein geringeres Alter deuten, doch ist Ferndorf die Entstellung einer älteren Form, welche in einer Urkunde von 1067 Berentraph, im Archidiakonalregister Ferrenteeff, in einer Urkunde von 1309

¹ Wandmalerei der Kirche zu Ferndorf, 1 : 5. (Siehe unten.) Nach Aufnahme des Architekten Albrecht, Siegen.

Vereutreph lautet[1] und ebenso wie Litfe das alte Alfa (Bach) enthält. Die letzte Silbe des Wortes entspricht genau derjenigen im Namen des heſſiſchen Dorfes Antref bei Kirchhain, welcher in älteſter Form Antrafa lautete. Ebenſo, wie faſt alle älteſten Gründungen, vergl. Littfeld, Netfen, Siegen u. ſ. w., von einem der hauptgewäſſer des Landes an welchem ſie angelegt wurden, ihren Namen erhalten haben, verdankt auch Ferndorf einem ſolchen den ſeinigen. Solche Orte liegen faſt alle an der Stelle, wo verſchiedene wichtige Thäler zuſammentreffen. Letzteres iſt im Kirchſpiel Ferndorf da der Fall, wo die bedeutenden Thäler der Litt ſelb und hees in das hauptthal einmünden. Doch finden wir hier in ſofern eine berechtigte Ausnahme von der Regel, als unſer Kirchſpielsort etwas weiter oberhalb im Ferndorfthale in geſchützter Lage am Fuße des hohen Kindelsbergs angelegt wurde. An dem den Winden ſehr ausgeſetzten Vereinigungspunkte ſelbſt liegt dagegen das erſt in jüngſter Zeit entſtandene Kreuz thal, welches ebenſo wie Buſchhütten ſein Dafein dem im Kirchſpiel Ferndorf von Alters her blühenden Eiſengewerbe verdankt. Verhältnißmäßig junge Gründungen ſind auch die dicht bei Fellinghauſen gelegenen Weiden und Dornſeifen.[2]

Die dem St. Laurentius geweihte Kirche zu Ferndorf deutet durch ihre Bauart auf ein dem des Kirchſpiels entſprechendes Alter hin.

Außerdem ſtand in Oſthelden eine alte, jetzt zu einem Wohnhaus umgebaute Kapelle. Wahr ſcheinlich gab es eine ſolche auch in Buſchhütten, da dort der Paſtor von Ferndorf, ebenſo wie in Oſthelden, zur beſtimmten Zeit Gottesdienſt zu halten hatte.

Den Kirchenſatz zu Ferndorf hatten die Kolben von Wilnsdorf, von welchen ihn der Graf heinrich 1539 erwarb.[3] Wie im angrenzenden Crombach hatte auch in dieſem Kirchſpiel ein rheiniſches Stift Beſitzungen. Die St. Georgenkirche beſaß nämlich einen hof und Güter zu Fern dorf, welche derſelbe Graf nebſt hörigen 1504 erwarb.[4]

Wie in der Regel die alten Kirchſpiele, bildete auch Ferndorf zugleich einen Gerichtsbezirk. Doch hatte der Schultheiß ſeinen Sitz nicht im Kirchdorf, ſondern in Erusdorf, wohl weil hier der Graf ein haus nebſt Gut beſaß, das als Amtswohnung dienen konnte. Das heutige Amt Ferndorf umfaßt neben dem gleichnamigen Kirchſpiel noch Crombach.

Im Weſten des Kirchſpiels Ferndorf war der Stammſitz der Familie von hees[5] an dem gleichnamigen Bache. Sie findet ſich ſchon im 13. Jahrhundert im Siegerland.[6]

Im 14. Jahrhundert wird Gottfried (Gobel, Godert) von der heſe in vielen Urkunden als Vogt oder Amtmann des Grafen heinrich erwähnt. 1349 verpfändet Graf Otto ihm und einigen Genoſſen das Land Siegen. Auffallender Weiſe nahmen 1371 derſelbe Gottfried von der heſe und Meckel, ſeine Gattin, ihr haus zur heſe von dem Grafen von Naſſau als Lehen.

1363 teilten Philipp und Adam von der heſe die väterlichen Beſitzungen und bildeten zwei Linien. Nach dem Tode Stephans, des letzten männlichen Erben der jüngeren Linie, erbte deſſen Beſitzungen ſein Schwiegerſohn henr. von Syberg. 1779 erwarb der Freiherr Nicolaus von Syberg auch das Gut der ſtark verſchuldeten älteren Linie.[7] 1780 veräußerte der Beſitzer das ganze Gut hees an den Prinzen von Oranien.

Auf der rechten Seite der Ferndorf, gegenüber Kredenbach, lag ein zweites adeliges Gut, Lohe.[8] Es gehörte einem Zweige des Geſchlechtes Selbach,[9] welches von dieſem den Beinamen Lohe führte. Eine Urkunde von 1314 erwähnt den Ritter Gerhard Daube von dem Lohe und eine

[1] Phil. 209 200, 60.
[2] Ueber das geringe Alter der Orte mit auf „hütten" endigenden Namen, ſowie nahe bei einander liegender Orte ſiehe Genaueres unter Weidenau.
[3] Phil. 135 und Arnoldi, Geſch. u. ſ. w. I, 129.
[4] Phil. 60, 61, 62 und Arnoldi, I, 128.
[5] Achenbach, S. V. II, 57—85.
[6] Achenbach, S. V. II, 58.
[7] Achenbach, S. V. II, 81—85.
[8] Achenbach, S. V. II, 85—104.
[9] Vergleiche Kirchſpiel Burbach.

andere von 1315 neben ihm seine Brüder Gottfried und Heinrich von Selbach. Frühzeitig scheint das Gut nassauisches Lehen gewesen zu sein, seit 1461 wird dies durch einen Lehnsrevers unzweifelhaft. Als 1660 Johann von Selbach gen. Lohe ohne Manneserben gestorben war, ließ das reformierte Haus Nassau Siegen das Lehngut Lohe nebst Zubehör als heimgefallenes Mannlehen einziehen. Ein deshalb von dem Erben weiblicherseits beim Reichskammergericht 1694 angestrengter Prozeß fand erst 1785 dadurch sein Ende, daß die oranische Regierung den Erben 50000 Gulden auszahlte, wofür diese auf sämmtliche Ansprüche an das Gut Lohe Verzicht leisteten.[1]

Auf dem im Süden des Amtes Ferndorf gelegenen Gut Langenau[2] war der Sitz der Familie Wischel von Langenau.[3] Sie wird 1452 zum ersten Mal erwähnt, und es ist zweifelhaft, ob sie zu dem ursprünglichen Siegener Adel gehört.

Mit Johann Valentin von Wischel scheint der Mannesstamm der Familie im Anfang des 17. Jahrhunderts erloschen zu sein. Durch Heirath mit Elisabeth von Wischel kam Philipp von Hees und darauf dessen Schwiegersohn Dietrich Philipp Freiherr von Meschede in Besitz des Gutes. Zwischen dessen Erben entstand wegen des Besitzes 1716 ein langwieriger Prozeß, welcher die Subhastation im Jahre 1746 zur Folge hatte. Der Prinz von Oranien erstand dasselbe für 32015 Reichsthaler.

Quellen und Litteratur:

Aus des Siegerlandes Vergangenheit von Dr. B. von Achenbach, 1897. I. 1—118.
Kollectaneen zur Geschichte der Pfarrey Ferndorf von Pfarrer Johann Heinrich Achenbach. Dillenburger Intelligenznachrichten 1790. Nr. 25—29.
Siegener Intelligenzblatt 1827. Nr. 26. Kurze Statistik der Pfarrei Ferndorf.
Geschichtliche Nachrichten von Ferndorf, Junkernhees, Langenau und Burgholdinghausen von Rechnungsrath Manger. Siegen 1881.

[1] Achenbach, S. V. II, 86, 87.
[2] Vergl. über diesen Namen das unter Weidenau Erwähnte.
[3] Achenbach, S. V. II, 105—118.

Wandmalerei der Kirche zu Ferndorf, 1:5 (Siehe unten). Nach Aufnahme des Architekten Albrecht, Siegen. 1:5.

Denkmäler-Verzeichniß der Gemeinde Ferndorf.

1. Dorf Ferndorf.

10 Kilometer nördlich von Siegen.

Kirche[1], evangelisch, Uebergang.

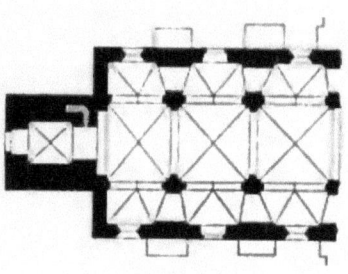

1 : 400

dreischiffige, dreijochige Hallenkirche mit Westthurm. Strebepfeiler neu.

Kreuzgewölbe mit Graten zwischen spitzbogigen Gurten auf Pfeilern mit halbrunden Vorlagen. In den Seitenschiffen einhüftige Gewölbe zwischen ungleich breiten Quergurten auf Wandvorlagen. Im Thurm zwei gewölbte Geschosse.

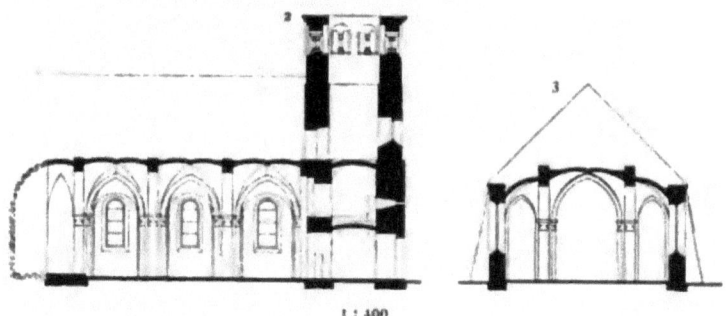

1 : 400

Fenster flachbogig erweitert. Schalllöcher rundbogig, zweitheilig mit Mittelsäulchen. Portale flachbogig.

Epitaph, Renaissance, von Eisen gegossen, mit Inschrift und Jahreszahl 1559. 2,16 m hoch, 0,82 m breit. (Abbildung Tafel 2.)

---

[1] 1887 nach Osten erweitert und umgebaut.
[2] und [3] Nach Aufnahme von Architekt Albrecht, Siegen, vor dem Umbau.

Wand und Gewölbemalerei[1], romanisch, mit Figuren und Ornamenten. Abbildungen nach S—S und als Vignetten.[1]

1 : 50

Malerei vor dem Erweiterungsbau.

2. Dorf Kreuzthal.

9 Kilometer nordwestlich von Siegen.

Kapelle (Schule) neu.

1 Glocke mit Inschrift:

S. antoni ora pro nobis mammesfremy me fecit amstelodami 1682. 0,48 m Durchmesser.

---

[1] Nach Aufnahmen von Architekt Albrecht, Siegen, vor dem Umbau.

3. Haus Junkernhees (Besitzer: Belz).
10 Kilometer nordwestlich von Siegen.

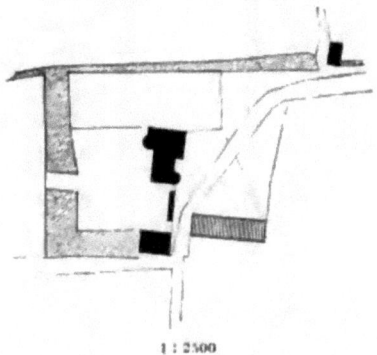

1 : 2500

Hauptgebäude, Renaissance, 16. Jahrhundert; Thürme verstümmelt, Portal mit Wappen und Jahreszahl 1525 (Abbildung Tafel 4). Am Südostgiebel Wappen und Inschrift: Syberg 1698. Thorhaus mit Schießscharten.

Relief, Renaissance, von Holz, mit 2 Wappen. 44 cm lang. (Abbildung Tafel 5.)

Siegel der Stadt Ferndorf, von 1470. im Staatsarchiv zu
Münster, Siegen 1568. Umschrift ... n van Ferentorff.
(Vergleiche Westfälische Siegel, Heft II, Abtheilung 2.
Tafel 92. Nummer 7.)

4°

1 : 5

Wandmalerei der Kirche zu Ferndorf (siehe oben) nach Aufnahme von Architekt Albrecht, Siegen.

Ferndorf.

Bau- und Kunstdenkmäler von Westfalen.

Kreis Siegen.

1.

2.

Lichtdruck von Römmler & Jonas, Dresden.

3.

Aufnahmen von A. Ludorff, 1897.

Kirche:

Junkernhees.

Bau- und Kunstdenkmäler von Westfalen.

Kreis Siegen.

1.

2.

Lichtdruck von Römmler & Jonas, Dresden.

Aufnahmen von A. Ludorff, 1897.

Haus (Belz):

Junternpees.

Bau- und Kunstdenkmäler von Westfalen.

Lichtdruck von Schnuder & Janke, Dresden.

Aufgenommen von A. Ludorff. 1897.

Haus (Belg):
1. Westansicht; 2. Südeingang.

1.

2.

Lichtdruck von Römmler & Jonas, Dresden.

Aufnahmen von A. Ludorff, 1897.

Haus (Belz):
1. Wappentafel; 2. Küche.

Freudenberg.

Das Kirchspiel Freudenberg (20½ qkm, 2788 Evangelische, 358 Katholiken, 13 andere Christen) liegt im Westen des Siegerlandes und umfaßt den Flecken Freudenberg und die Gemeinden Büschergrund (Büschen, Bockseifen, Anstoß und Eichen), Plittershagen (mit den Höfen Stöcken), Mausbach und Hohenhain. Diese Orte liegen im Gebiet der oberen Asdorf mit Ausnahme des wahrscheinlich später entstandenen, nur 6 ha umfassenden Hohenhain, welches dem hier in das Siegerland hinübergreifenden Quellgebiet der Wisser angehört.

Freudenberg ist eins von den beiden Kirchspielen, welche im 17. Jahrhundert aus besonderer Veranlassung entstanden sind.[2] Letztere war ohne Zweifel die Entwickelung des Fleckens Freudenberg, dessen Bewohner es bald als eine große Belästigung empfinden mußten, bei den kirchlichen Verrichtungen auf das entfernt liegende und unbedeutendere Pfarrdorf Oberholzklau angewiesen zu sein. In der zum Schloß Freudenberg gehörigen und daher vielleicht schon im 14. Jahrhundert erbauten und der St. Katharina geweihten Kapelle[3] wurde schon von alter Zeit her von einem besonders dazu angestellten Priester Messe gelesen, aber alle übrigen kirchlichen Handlungen wie Kindtaufen u. s. w. fanden in der Pfarrkirche statt. Die Bewohner des aufblühenden Fleckens suchten nach Einführung der Reformation sich durch Anstellung eines besonderen Kaplans von Holzklau unabhängig zu machen. Aber erst nach vielem Widerspruch von seiten des Holzklauer Pfarrers erhob der Graf Johann der Aeltere 1585 Freudenberg zu einem besonderen Kirchspiel. Weil es aber der neuen Gemeinde an Mitteln fehlte, wurden 1597 noch der Büschergrund von Holzklau, und Plittershagen (nebst Stöcken), Mausbach und zwei untergegangene Höfe Gendorf und Herlingen von Oberfischbach abgezweigt und mit Freudenberg vereinigt.

[1] Wandmalerei der Kirche zu Ferndorf. 1:5. (Siehe Seite 26.) Nach Aufnahme von Architekt Albrecht, Siegen.
[2] Vergl. Müsen.
[3] Dieselbe Schutzheilige hatte auch die Schloßkirche zu Wittgenstein.

Nachdem 1540 die alte Schloßkapelle durch Brand zerstört worden war, hatte man außerhalb des Schloßberings ein anderes Gotteshaus errichtet. Weil dieses aber unter den obwaltenden Verhältnissen nicht mehr ausreichte, begann man 1601 an derselben Stelle mit dem Bau einer Pfarrkirche, deren Vollendung wahrscheinlich erst 1606 erfolgte. Nachdem dieselbe 1666 ein Raub der Flammen geworden war, wurde sie 1675 wieder aufgebaut. Außer der Katharinenkapelle gab es noch eine dem St. Nicolaus geweihte Kapelle zu Büschen, die aber schon im 16. Jahrhundert verfallen zu sein scheint.[1] Vor mehr als zehn Jahren wurde in Freudenberg auch eine katholische Kirche erbaut, nachdem hier schon vorher eine die Katholiken des Amtes Freudenberg umfassende Missionspfarre gegründet worden war.

Schon lange bevor Freudenberg der Hauptort eines Kirchspiels wurde, war es der Sitz eines Gerichts, dessen Bezirk dieselbe Ausdehnung wie das heutige Amt hatte. Es umfaßte also die beiden zuerst hier nur vorhandenen Kirchspiele Oberfischbach und Oberholzklau. Wie wohl alle älteren Kirchspiele bildeten diese beiden früher besondere Gerichtsbezirke, die dann zusammengelegt wurden, wie es auch später mit Crombach und Ferndorf geschah. Der Sitz des vereinigten Gerichts wurde die Burg Freudenberg, weil dort eine gräfliche Verwaltung eingerichtet war. Da 1342 noch ein Amtmann zu Fischbach erwähnt wird,[2] so erfolgte die Zusammenlegung nicht vor dem 14. Jahrhundert, was auch mit der Zeit der Erbauung der Burg in Einklang steht.

Denn dieselbe wurde zwischen 1343 und 1389 wahrscheinlich zum Schutz gegen die westlichen Nachbarn, besonders die Herren von Wildenberg angelegt, scheint aber nie in einer Fehde von Bedeutung gewesen zu sein und den Grafen nie zu längerem Aufenthalt gedient zu haben. 1666 brannte sie ab und wurde nicht wieder aufgebaut.

Innerhalb des Burgberings wurden 1456 Leute mit der Verpflichtung, die Burg zu schützen, angesiedelt und mit Grundstücken ausgestattet. Als 1540 diese Ansiedlung abgebrannt war, durften die Häuser nur außerhalb der Mauern auf den vom Grafen angewiesenen Plätzen wieder errichtet werden. Dieses neu erbaute Freudenberg wurde aber mit Thoren, Planken und Zäunen befestigt und brannte 1666 noch einmal ab. An der Spitze des Fleckens standen zwei, jährlich von den Bürgern gewählte und von seiten des Landesherrn bestätigte Bürgermeister, dagegen gab es bei der geringen Anzahl von Bürgern keine Schöffen und Rathsherren.

Ebensosehr wie der Burg verdankt Freudenberg vielleicht seine Entstehung und vor allem seine Vergrößerung der Entwickelung des jetzt dort eingegangenen Eisengewerbes.[3]

Quellen und Litteratur:
Aus Freudenbergs Vergangenheit in Achenbach S. V. I. 111—188.

[1] Achenbach. S. V. I 161, Anm. 1.
[2] Siehe Kirchspiel Oberfischbach.
[3] Vergl. Kirchspiel Weidenau.

Kreis Siegen.

Bau- und Kunstdenkmäler von Westfalen.

Lichtdruck von Römmler & Jonas, Dresden.

Meßtischaum von R. Sadoff 1897.

Kirche:
1. Südwestansicht; 2. Nordostansicht; 3. Nordwestansicht.

Denkmäler=Verzeichniß der Gemeinde Freudenberg.

Stadt Freudenberg.
11 Kilometer nordwestlich von Siegen.

Kirche, evangelisch, gothisch,

1 : 400

einschiffig mit 5/8 Chor, nordwestlicher Erweiterung und rundem Westthurm.[1]

Holzdecke.

Fenster spitzbogig, eintheilig; gerade geschlossen an der Westseite der Erweiterung.

Eingänge flachbogig an der Nordseite.

Pokal,[2] Renaissance, von Silber, mit Deckel, Inschrift und Jahreszahl 1664; 28,5 cm hoch.

3 Glocken mit Inschriften:

1. Si vox est canta si mollia brachia salta et quacunque potes arte placer . . . . iohannes mauritius nassoviae princeps iohannes landtmann pastor freudenbergensis. anno 1669.
   1,22 m Durchmesser.

2. und 3. neu.

---

[1] Rest einer Schloßanlage?
[2] Vergleiche: Crombach, Seite 19.

Hilchenbach.

Das Kirchspiel Hilchenbach (108 qkm, 4070 Evangelische, 175 Katholiken, 16 andere Christen, 19 Juden) im Nordwesten des Kreises enthält die im Gebiet der oberen Ferndorf gelegenen Gemeinden Oberndorf, Helberhausen, Hadem, Vormwald, Grund, Haarhausen, Allenbach, die Stadt Hilchenbach und das an einem Zufluß der oberen Eder gelegene Lützel. Endlich gehören hierzu seit 1654 die früher nach Netfen eingepfarrten und im Dreisbachthale gelegenen Oechelhausen und Ruckersfeld.

Der Kirchort ist die jetzige Stadt Hilchenbach. Sie liegt ähnlich wie Siegen an der wichtigsten Stelle des oberen Ferndorfthales, wo die verschiedenen, bis dahin ziemlich gleich langen Thäler sich zu einem Hauptthale vereinigen, und würde, nach dieser Lage zu schließen, zu den ältesten Gründungen des Landes gehören.

Der durchsichtige Name aber, in ältester Form Herlichinbach 1292,[3] spricht dafür, daß der Ort nicht einer der ältesten, sondern jünger als das in der Nähe liegende Dorf Hadem ist, welches an dem gleichnamigen Bache oberhalb der Thalvereinigung angelegt wurde, vielleicht weil der Ort der Vereinigung selbst wegen des Zusammenströmens so vieler Bäche ursprünglich zu sumpfig sein mochte. Als später bei größerer Kultur die Sümpfe ausgetrocknet wurden, entstand hier Hilchenbach, das dann wegen seiner günstigeren Lage den älteren Ort bald überflügeln und bei der Wahl eines Kirchdorfes ihm vorgezogen werden mochte. Wir haben also hier wohl eine berechtigte Ausnahme von der Regel, daß die Kirchorte der älteren Pfarreien zugleich die ältesten Gründungen des Landes sind. Hilchenbach gehört nämlich zu den 9 alten Kirchspielen des Landes. Die erste Nachricht über dasselbe erhalten wir durch eine Urkunde von 1328[4], in welcher der plebanus von Helchenbach als Zeuge auftritt.

Das Patronat befand sich in früherer Zeit im Besitz des Klosters Keppel, welchem dasselbe wahrscheinlich von denen von Hain, den muthmaßlichen Stiftern der Kirche, übertragen worden war. Von ersterem erwarb es dann 1495 der Graf von Nassau.[5]

---

[1] Wandmalerei der Kirche zu Netphen. 1 : 5. (Siehe unten.) Nach Aufnahme von Architekt Albrecht, Siegen.
[2] Siegel der Stadt Hilchenbach von 1485, im Staatsarchiv zu Münster. Keppel 107. Umschrift: S. der Scheffen von Helchenbach (vergleiche: Westfälische Siegel, Heft II, Abtheilung 2, Tafel 93; Nummer 10).
[3] Phil. 59.
[4] Phil. 109.
[5] Vergl. Achenbach, S. V. II. 152, 153 und Geschichte derer vom Hain unter Irmgarteichen und des Klosters Keppel unter Kirchspiel Keppel.

Dem Alter des Kirchspiels entsprach wohl dasjenige der Kirche, welche dem St. Veit geweiht war. Dieselbe wurde 1689 durch Brand derartig zerstört, daß nur die Grundmauern mit dem Gewölbe stehen blieben. Sie wurden beim Wiederaufbau benutzt. Weil die späterhin sehr baufällige Kirche für die Anzahl der Besucher viel zu klein war, wurde eine neue an derselben Stelle gebaut, welche 1846 fertig war. In Hilchenbach wirkte wenigstens im 16. Jahrhundert noch ein zweiter Geistlicher; denn in dem Bericht über die Synodal- und Conventsverhandlungen[1] von 1559 wird neben dem Pastor noch der Frühmesser aufgeführt und in Vogel's Aufzeichnungen über Siegener Pfarreien wird bemerkt, daß Bernhard Hilchenbach 1533 den Frühmessenaltar bekam.

Im Osten des Kirchspiels auf der Hochebene zwischen dem Gebiet der Eder und Sieg lag die Antonius- oder Webbachskapelle[2] bei dem Orte Webbach. Derselbe wird 1319 erwähnt und ist später untergegangen, falls er nicht seinen Namen vertauscht hat und mit dem heute noch bestehenden Hof Ginsberg identisch ist. Die Kapelle wurde vermutlich im letzten Viertel des 13. Jahrhunderts erbaut und befand sich bis 1319, wahrscheinlich als Schenkung derer von dem Hain, im Besitz des Klosters Keppel, von welchem sie der Graf Heinrich in diesem Jahre mit den zugehörigen Gütern erwarb. Sie besaß damals die Rechte einer Pfarrkirche, die sie aber schon in der Mitte des 14. Jahrhunderts, vielleicht auf Veranlassung des dadurch beeinträchtigten Pfarrers von Netfen, verlor.[3] Sie war ebenso wie die Heimbachskirche[4] das Ziel zahlreicher Wallfahrten, namentlich zu Zeiten der Pest, gegen welche die Fürbitte des heiligen Antonius angerufen wurde. Erst mit der Reformation hörten diese allmählich auf, die Kapelle verfiel und wurde 1571 abgebrochen. Dafür wurde eine Kapelle zu Lützel erbaut, aber schon 1710 durch eine neue ersetzt.

Wie fast alle älteren Kirchspiele des Siegerlandes bildete auch Hilchenbach zugleich einen Gerichtsbezirk, zu welchem im Anfang des 17. Jahrhunderts die beiden vorher erwähnten Oechelhausen und Ruckersfeld und die Ortschaften des damals gebildeten Kirchspiels Müsen hinzugefügt wurden.[5] Nachdem im 18. Jahrhundert noch das jetzige Amt Ferndorf damit verbunden worden war, wurde das Amt Hilchenbach nach Neuordnung der Verhältnisse unter preußischer Herrschaft in der früheren Ausdehnung wieder hergestellt.

1622 erwarb der Graf Johann der Mittlere von Eustachius von Wischel[6] in Hilchenbach einen Burgsitz, ohne Zweifel dasselbe Schloß, welches unter Wilhelm Moritz zur späteren Wilhelmsburg ausgebaut wurde. Es brannte 1689 ebenso wie beinahe ganz Hilchenbach ab und wurde nicht wieder aufgebaut. Genau zwei Jahre vorher hatte der eben genannte Fürst Hilchenbach zu einem Flecken erhoben[7], doch blieb es ebenso wie Freudenberg noch ein Theil des zugehörigen Amtes, bis es 1836 von diesem getrennt wurde und eine eigene städtische Verwaltung erhielt. Anfangs hatten Stadt und Land zusammen einen Bürgermeister, und erst 1847 wurde ein besonderer Amtmann mit dem Sitz in Keppel angestellt.

Nicht weit von der Antoninskapelle stand die Burg Ginsberg, wahrscheinlich das novum

---

[1] Steubing, Reformationsgeschichte, 247.
[2] Zur Geschichte der Antoninskapelle u. s. w. von Heinr. Achenbach.
[3] Phil. XIV, XV.
[4] Vergl. Kirchspiel Siegen.
[5] Siehe Kirchspiel Müsen.
[6] Vergl. Kirchspiel Ferndorf.
[7] Ueber die damit verknüpften Rechte, vergl. Schenck, Statistik u. s. w.

castrum, welches bei der Theilung der naſſauiſchen Lande 1255 zuerſt erwähnt wird und vom Grafen Heinrich zum Schutz der nördlichen und öſtlichen Grenzen errichtet wurde. Sie wird 1292 zum erſten Male unter dem Namen Ginsberg angeführt.

Wohl gerade wegen der Abgelegenheit dieſer unbedeutenden Burg verſammelten ſich 1568 hier die Heerführer, welche mit dem Prinzen Wilhelm von Oranien den Feldzug nach den Nieder landen berieten. Als Johann der Mittlere ſeinem Sohn auch Haus und Hof Ginsberg überwieſen hatte, ſollte das Schloß erſt wieder wohnlich hergeſtellt werden. Hierzu kam es in der traurigen Zeit des dreißigjährigen Krieges um ſo weniger, als die Wilhelmsburg im benachbarten Hilchenbach an die Stelle trat. Jetzt ſind nur noch Trümmer davon vorhanden.

Quellen und Litteratur:

Steubing Reformationsgeſchichte.

Sieg. Intelligenzblatt 1826, Nr. 49, 52. Etwas zur Geſchichte der Pfarrei Hilchenbach; am Schluß erwähnt: die zurückgelaſſenen Collectaneen des verſtorbenen Pfarrers Schepp in Hilchenbach.

Sieg. Int. 1827, Nr. 5. Nachträge zur älteren Geſchichte der Pfarrei Hilchenbach.

Sieg. Int. 1827, Nr. 8, 11, 12. Beiträge zur vaterländ. Kirchen- und Pfarrgeſchichte u. ſ. w.

Zur Geſchichte der Antoninskapelle u. ſ. w. aus dem Nachlaſſe des Rechnungsrathes Heinr. Achenbach. Siegen 1880.

Die Antonius oder Wehbach Kapelle von Manger. Blätter des Vereins für Urgeſchichte u. ſ. w. Nr. 1. S. 6—8.

Achenbach S. V. I, S. 191—205. Von der Burg Ginsberg.

1 : 2500

Vermuthlicher Querſchnitt und Grundriß der Burg Ginsberg. nach Hartmann.

Irmgarteichen.

Das Kirchspiel Irmgarteichen (44½ qkm mit 80 Evangelischen und 1479 Katholiken) zieht sich an der Südostgrenze des Siegerlandes hin. Von den 7 Gemeinden, welche es enthält, liegen im Gebiet der Werte: Wertenbach (1343 Wertinbracht), Hainchen, Irmgarteichen, Helgersdorf und Salchendorf; in einem Nebenthale der oberen Weis: Gernsdorf und Rudersdorf. Die Bevölkerung hat sich hier weniger vermehrt, weil sie fast ausschließlich auf Wald- und Landwirthschaft angewiesen ist, und dieses kann uns mit erklären, warum das Kirchspiel im Gegensatz zu den meisten anderen seit dem Mittelalter bis heute ganz dieselbe Ausdehnung behalten hat.

Irmgarteichen gehört nämlich zu den 9 älteren aus dem Mittelalter stammenden Kirchspielen, denn es wird nicht nur im Archidiakonalregister als Pfarrei erwähnt, sondern unter den Pfarrern des Siegerlandes, welche eine Urkunde von 1349 unterzeichnen, befindet sich auch der von Irmgarteichen, doch ist es unter diesen Kirchspielen eines der jüngeren, vielleicht das jüngste, und die Trennung von Netfen[2], aus welchem es wahrscheinlich ebenso wie Hilchenbach hervorging, ist ziemlich spät erfolgt.

Auf letzteres weist schon der verhältnißmäßig junge Name des Kirchdorfs hin, während in den älteren Pfarreien die Kirchdörfer meist uralte Namen haben. Derselbe lautet im Archidiakonalregister Irmengarteneichen, 1270 Irmengartechen, 1323 Irmegartechen.[3] Er ist auffallender Weise mit demselben weiblichen Personennamen zusammengesetzt wie Erntebrück, der Name des einige Stunden entfernten wittgensteiner Dorfes welches urkundlich 1343 Urmegartebruckin lautet.[4] Die Vorsetzung von Irmgart unterscheidet das Kirchdorf von drei anderen, ebenfalls im Kreise Siegen gelegenen Orten Eichen. Dieser Name ist eine spätere Abkürzung von: in den Eichen, weßhalb auch das im Kirchspiel Crombach gelegene Eichen im Volksmund heute noch „Neiche“ lautet. Entsprechende Bildungen sind die Bezeichnungen der zwei im Kreise gelegenen Buchen des Ortes Weiden und des Hofes Keistern. Die schon durch die leichte Verständlichkeit der Namen genügend bewiesene spätere Entstehung dieser Orte wird noch durch Lage und geringe Ausdehnung bestätigt. Sie sind wohl meist aus Höfen, die in unserer Gegend späteren Ursprungs als Dörfer sind, hervorgegangen und sind zum Theil noch jetzt Höfe. Abgesehen von den Namen auf Hütten[5] sind wohl nur wenige im Kreise jünger als diese von Baumnamen gebildeten.

---

[1] Wandmalerei der Kirche zu Ferndorf. 1:3 (siehe Seite 26) nach Aufnahme von Architekt Albrecht. Siegen.
[2] Siehe dieses Kirchspiel.
[3] Phil. 27, 103, 207.
[4] Phil. 157.
[5] Siehe Kirchspiel Weidenau.

Aber nicht nur Irmgarteichen, sondern auch die übrigen Ortsnamen des Kirchspiels, meist leicht verständliche Zusammen-
setzungen mit Dorf, verrathen durch ihre Form ein geringes Alter. Wie schon in der allgemeinen Einleitung bemerkt
wurde, ist dieser östliche Grenzstrich erst später besiedelt worden.

Wie Irmgarteichen wohl der einzige Ort im Siegerlande ist, dessen Name mit dem einer Frau eine Zusammensetzung bildet, so ist seine Pfarrkirche als einzige des Landes einer Heiligen, der St. Cäcilie geweiht. Wahrscheinlich haben
wir es hier mit einer Stifterin von dem Hane gegründet wurde, ist um so wahrscheinlicher, als auch viel weiter vom Hain
freilich nur vermuthen. 1230 finden wir eine Irmgart als Gemahlin des Adligen Konrad von Wilnsdorf erwähnt.¹
Doch hat diese wohl nichts mit der Stiftung zu thun. Nach der Sage war es eine Jungfrau aus dem Geschlechte von
Hane, welche zum Dank für die Genesung von einer Krankheit eine Kirche erbaute. Daß dieselbe von einem Mitgliede
der benachbarten Familie von dem Hane gegründet wurde, ist um so wahrscheinlicher, als auch viel weiter vom Hain
entfernt liegende geistliche Stiftungen wie das Kloster Keppel und wahrscheinlich auch die Kirche zu Hilchenbach und
Wehbach von ihr herrühren.² Das der Kirche gestiftete Gut umfaßte das ganze Gebiet des jetzigen Dorfes Irmgarteichen.
Es ist dies eben das einzige Kirchdorf des Kreises, dessen Bewohner sämmtlich Hörige der Kirche waren. Man kann
daher wohl kaum bezweifeln, daß die Gründung der Kirche derjenigen des Dorfes voranging, indem auf den Grundbesitz
der Kirche Hörige angesiedelt wurden und so das Dorf entstand, wie aus einer Ansiedelung von Leibeigenen bei der Burg
Hain das benachbarte Dorf Hainchen hervorging.³

Irmgarteichen hat also wahrscheinlich mit dem gleichfalls jüngeren Kirchspiel Rödchen die Eigenthümlichkeit gemein,
daß die Kirche nicht in einem Dorfe wie in den übrigen mittelalterlichen Kirchspielen des Kreises errichtet wurde. Wie
in Rödchen, so wurde auch hier eine Bergeshöhe möglichst in der Mitte der Pfarrei für die Anlage der Kirche gewählt.
Am genauesten in der Mitte liegt wohl ein Punkt zwischen Irmgarteichen und Gernsdorf, welcher nach der schon erwähnten
Sage für den Bau der Kirche ausersehen war. Die dazu bestimmten Eichen waren bereits dorthin geschafft worden, doch
fand man dieselben am andern Morgen auf unerklärliche Weise an die Stelle versetzt, wo jetzt die Kirche steht. Als sich
nach dem Zurückbringen der Stämme an den früheren Ort das Wunder wiederholte, entschied man sich für die durch
letzteres angedeutete Stelle, trotzdem sie nicht ganz in der Mitte lag. So sucht die Sage die Lage sowohl wie den Namen
zu erklären. Jedenfalls aber wählte man diese Stelle, weil die Mehrzahl der Ortschaften ihr näher liegen, vielleicht auch,
weil die vom Hane sie von ihrer Burg aus ihre Stiftung stets vor Augen hatten.

Schon die im Vorhergehenden erwähnten Umstände machen eine spätere Gründung des
Kirchspiels wahrscheinlich. Dieselbe findet noch weitere Bestätigung. In einer Urkunde von 1325
wird noch die Kapelle zu Irmgarteichen als der Kirche zu Netfen untergeordnet bezeichnet.
Ferner wird in einer Urkunde von 1328⁴ neben dem plebanus in Netphe, Helchenbach und Webach
der viceplebanus ecclesie in Irmengarteneychen erwähnt, auch ein Hinweis, daß Irmgarteichen zu
jener Zeit noch nicht eine völlig selbständige Pfarre war. Daß sich unser Kirchspiel später als
Hilchenbach von Netfen abzweigte, geht vielleicht auch aus dem Umstande hervor, daß es, anders als
Hilchenbach und die übrigen älteren Kirchspiele, niemals einen besonderen Gerichtsbezirk gebildet zu
haben scheint, sondern zum Gericht Netfen gehörte. Es trennte sich eben von der Mutterpfarre erst
zu einer Zeit, als die Bildung der Gerichtsbezirke bereits erfolgt war.

Das Patronatsrecht übten vermuthlich zuerst die vom Hane aus, wenigstens finden wir ihre
Nachfolger, die von Bicken, im Besitz desselben. Letztere behaupteten es auch noch, wenngleich unter
Beschränkungen, nach Einführung der Reformation.⁵

Durch das Testament Johannes des Mittleren kam Irmgarteichen dauernd unter
die katholische Herrschaft, und in dieser von der Mitte des Landes weit entlegenen Gegend
war die Wirkung der Gegenreformation eine so durchgreifende, daß wir hier, anders als in
den übrigen von der katholischen Linie beherrschten Kirchspielen,⁶ fast ausschließlich Katholiken

¹ Siehe Geschichte derer von Wilnsdorf beim gleichnamigen Kirchspiel.
² Vergl. im Folgenden die Familie von dem Hane.
³ Achenbach S. V. II 145.
⁴ Phil. 109.
⁵ Achenbach S. V. II 221, 222.
⁶ Vergl. die Kirchspiele Netfen, Rödchen, Wilnsdorf und Siegen.

finden. Vielleicht waren auch die wahrscheinlich immer katholisch gebliebenen von Bicken[1] hierbei nicht ohne Einfluß.[2]

Die einschiffige Kirche zu Irmgarteichen stammt aus dem späteren Mittelalter. Nur ein Theil derselben scheint älter zu sein und rührt vielleicht von einer früher vorhandenen Kapelle her. Von einer solchen ist in der Urkunde von 1525 die Rede. Daneben gab es im Kirchspiel noch 5 Kapellen, nämlich zu Rudersdorf, Salchendorf, Gernsdorf, Hainchen und Wertenbach, eine auffallend große Zahl, die sich vielleicht dadurch erklären läßt, daß sie zu einer Zeit entstanden, als Irmgart eichen noch kein besonderes Kirchspiel bildete und die weite Entfernung des Kirchdorfs Netfen das Vorhandensein von Kapellen wünschenswerth machte. Vielleicht haben sich aber auch die früher überhaupt zahlreichen Kapellen[3] in diesem katholischen Kirchspiel, wie auch in Netfen, mehr erhalten.

Im Kirchspiel Irmgarteichen, dicht vor der Grenze des Siegerlandes, war der Stammsitz der Ritter von dem Hane (Heyne, Hagen u. s. w.), de indagine. Der erste dieses Geschlechts, welcher in einer Urkunde von 1215 erwähnt wird, ist Conradus de Indagine und unmittelbar darauf (1218) kommt Friedrich vom Hain vor.[4] Außer dem Patronat über Netfen gehörte ihnen ursprünglich wahrscheinlich auch dasjenige über die Kirchen zu Hilchenbach und Wehbach.[5] Sie besaßen neben dem Hain noch verschiedene Güter, Zehnten u. s. w. im Siegerland und in angrenzenden Gebieten, die sie sämmtlich allmählich an den Grafen veräußerten. Im 14. Jahrhundert scheint dieses früher mächtige Geschlecht erloschen zu sein.

Die Familie von Bicken[6] hat ihren Namen ohne Zweifel von der Burg Bicken in der Herborner Mark. Die erste sichere Erwähnung findet sie in der Urkunde über die nassauische Landes theilung 1255, in welcher Godefrid de Bygin unter den Vertretern Otto's angeführt wird. Im 13. und 14. Jahrhundert erscheint ihr Name in Urkunden vielfach im Verein mit dem derer vom Hane, mit welchen sie wahrscheinlich einen gemeinsamen Stammvater hatten.[7]

Ihr Reichthum geht daraus hervor, daß 1589 der Graf Johann von Nassau die Kirchspiele Holzklau und Oberfischbach nebst der Burg zu Freudenberg an Robin und Johann von Bicken und Siegfried von Selbach versetzte.[8] Außer verschiedenen Höfen hatten sie zahlreiche Zehnten und andere Gerechtsame im Lande Siegen und in benachbarten Gebieten[9] und seit dem 16. Jahrhundert auch Eigenthum am Rhein und Main,[10] also einen sehr zerstreuten Besitz, wie es häufig beim hiesigen Adel der Fall war. Bei ihrer großen Macht bereiteten sie den Grafen von Nassau viele Schwierig keiten, namentlich wegen der Herrschaft im Gericht Ebersbach, wo sich der Graf Heinrich schließlich mit der Lehnsherrlichkeit begnügen mußte. Eine hohe Stufe der Macht erlangte im 15. Jahrhundert Philipp von Bicken der Alte als Oberamtmann des Landes, welchen die beiden Grafen Johann und Engelbert wohl hauptsächlich für seine seit 20 Jahren geleisteten Dienste 1445 mit der Burg Hain

[1] Achenbach S. V. 222, Anm.
[2] Achenbach Gesch. VIII 84.85.
[3] Achenbach S. V. I 161, Anm. 1.
[4] Achenbach S. V. II 157.
[5] Geschichte des Klosters Keppel und Achenbach S. V. II 152, 155.
[6] Achenbach S. V. II 158—304.
[7] Achenbach S. V. II 148—151.
[8] Achenbach S. V. II 286.
[9] Achenbach S. V. II 161—181.
[10] Achenbach S. V. II 171—179.

nebst allem Zubehör beliehen. Wegen Mißbrauch seiner Stellung kam es aber 1466 zu einem völligen Bruch, und Philipp mußte flüchten, fand jedoch Schutz beim Landgrafen von Hessen und bei vielen Standesgenossen, und bereits 1467 belieh ihn der Graf von neuem. Die Streitigkeiten fanden erst ihre Erledigung nach dem Tode der beiden Betheiligten durch einen Vergleich im Jahre 1480. Nach demselben verkauften die Söhne Philipp's dem Grafen von Nassau das ganze Gericht Ebersbach mit allem Zubehör, behielten aber den Hain mit allem Zubehör, und dieser wurde von neuem der Hauptsitz des Geschlechts.[1] Doch entstanden über die mit diesem Besitz verbundenen Gerechtsame neue, oft in Thätlichkeiten ausartende Streitigkeiten und langwierige Prozesse, die erst mit dem Verkauf des Hains nicht lange vor dem Erlöschen des Geschlechts ihren Abschluß fanden.[2] Nachdem die Bickenschen Besitzungen schon im Anfang des 18. Jahrhunderts in andere Hände, zuletzt in den Besitz der Familie von Fleischbein, übergegangen waren, erwarb von diesen Wilhelm IV. von Oranien das Gut Hain im Jahre 1747.[3] Von der früheren Burg sind nur noch wenige Trümmer vorhanden.

Quelle und Litteratur:
    Aus des Siegerlandes Vergangenheit von Dr B. Achenbach II 115—300.
    S. V. II 385—417. Zur Geschichte der Pfarrei Irmgarteichen.

[1] Achenbach S. V. II 188—214.
[2] Achenbach S. V. II 214—266.
[3] Achenbach N. I. S. 68. Anmerkung.

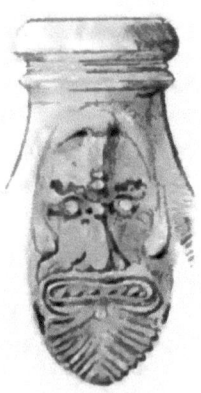

Hals eines Bartkrugs in der Burg zu Hainchen.
Nach Aufnahme von Architekt Albrecht, Siegen.

Denkmäler-Verzeichniß der Gemeinde Irmgarteichen.

1. Dorf Irmgarteichen.

12 Kilometer östlich von Siegen.

Kirche, katholisch, Renaissance und Uebergang.

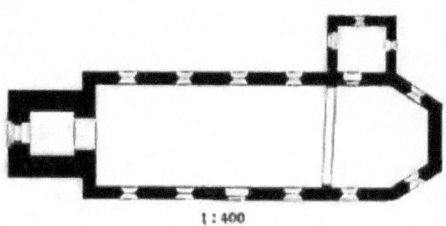

1 : 400

einschiffig; Chor mit 5/8 Schluß; Westthurm und Südwestecke des Schiffes Uebergang; letztere mit Rundbogenfries. Sakristei an der Nordseite.

Holzgewölbe mit Stuck.

Fenster und Schalllöcher eintheilig, rundbogig. Rundfenster an der Nordseite der Sakristei. Westportal rundbogig. Eingänge gerade geschlossen. Ueber dem südlichen Eingang Tafel mit Inschrift: Deo ter optimo maximo in honorem S. caecilia templum hoc exstruxit adm. rdus dmnus joes schönnen decanus rurales et pastor suis et parochianorum sumptibus. anno 1725. aedituis joanne nuser et joanne schneider.

Epitaph (von Bicken), Renaissance, von Stein, Säulenaufbau mit Figuren, Reliefs, Wappen, Inschriften und Jahreszahlen 1554 und 1555, 1,88 m breit. (Abbildung Tafel 7.)

2 Epitaphien, Renaissance, von Eisen, gegossen, mit Inschriften und Jahreszahlen 1529 und 1558, je 1,75 m hoch, 0,67 m breit.

Paulus, gothisch, von Holz, 0,66 m hoch. (Abbildung Tafel 7.)

2 Leuchter, gothisch, von Bronze, 28 cm hoch.

2. Dorf Salchendorf.

10 Kilometer östlich von Siegen.

Kapelle, katholisch, neu.

Nikolaus, gothisch, von Holz, 0,75 m hoch. (Abbildung nebenstehend.)

3. Dorf Hainchen.

10 Kilometer östlich von Siegen.

Burg (fiskalisch), Reste, Renaissance, zum Theil mit Stichkappengewölben auf Säulen.

Situation 1 : 2500   Schnitt und Grundriß der Gewölbe 1 : 400

Nordansicht.

1.

Lichtdruck von Römmler & Jonas, Dresden.

Aufnahmen von A. Ladorff, 1897.

Keppel.

Nachdem schon seit 1849 eine katholische Missionspfarre in Keppel bestanden hatte, ist 1894 an deren Stelle eine ordentliche Pfarrei getreten, welche die Katholiken der evangelischen Kirchspiele Hilchenbach, Müsen, Ferndorf und Crombach umfaßt. Nur die Katholiken des in letzterem Kirchspiel gelegenen Burgholdinghausen sind nach dem Olper Kirchspiel Rahrbach eingepfarrt. Als Pfarrkirche wurde bisher die Stiftskirche zu Keppel in Gemeinschaft mit den evangelischen Bewohnern des Stiftes benutzt. Für letztere, die keiner Pfarrei angehören, wird von dem Stiftsgeistlichen in derselben Gottesdienst abgehalten. Erst 1900 ist der Bau einer besonderen katholischen Kirche beendigt worden.

Geschichte des Klosters Keppel.

Das frühere Prämonstratenser Frauenkloster Keppel liegt bei Allenbach auf der linken Seite der Ferndorf. Schon der Name, 1250 cappella, 1257 Keple, Keppele³ weist darauf hin, daß wir es

---

¹ Wandmalerei der Kirche zu Netphen, 1 : 5. (Siehe unten.) Nach Aufnahme von Architekt Albrecht, Siegen.
² Siegel des Klosters Keppel von 1495, im Staatsarchiv zu Münster, Keppel 115. Umschrift: sigill. convent. dominar. de capella. (Vergl. Westfälische Siegel, Heft III, Tafel 120, Nr. 3.)
³ Phil. 9, 19.

mit einer geiftlichen Stiftung zu thun haben, die vielleicht im Anschluß an eine schon vorhandene Kapelle erfolgte oder deren anfänglich an Zahl geringe Zellen der Kapelle gegenüber so zurücktraten, daß letztere dem Ganzen den Namen gab. Sie war dem Evangeliften Johannes geweiht und ursprünglich der Kirche zu Netphen untergeordnet.[1] Das Klofter wurde in oder vor 1239 von Friedrich vom Hane auf seinem Eigenthum, wahrscheinlich in der Absicht, adligen Töchtern eine Verforgung zu verschaffen, gestiftet. Auf Veranlaffung ihres Gründers überließ der Graf Heinrich 1239 dem Klofter das Patronat über die Kirche zu Netphen mit ihren bedeutenden Einkünften, nachdem der Ritter dieses als Lehen des Grafen seiner Familie gehörige Recht an denselben zurückgegeben hatte.[2] Auch weiterhin wandten die vom Hane dem Klofter ihre beständige Fürforge zu, und ihnen verdankte es auch wahrscheinlich den Besitz des Patronats über die Kirchen zu Hilchenbach und Wehbach. An Stelle dieser Patronate erhielt Keppel 1495 vom Grafen von Nassau dasjenige über seine eigene Kapelle, welches bisher dem letzteren zuftand. Obgleich anfänglich so arm, daß in dem Visitations abschied 1294 die Zahl der Schwestern beschränkt werden mußte, gelangte das Klofter doch im Laufe der Zeit durch eine ganze Reihe von Stiftungen zu bedeutendem Wohlstand. In Folge der Reformation wurde dasselbe in ein weltliches Damenstift verwandelt, aber 1626 von Johann dem Jüngeren aufgehoben und seine Einkünfte dem Jefuitencollegium in Siegen überwiesen. 1654 wurde es als adliges Fräuleinftift für vier Evangelische und vier Katholische wiederhergeftellt, 1811 aber unter bergischer Herrschaft wieder aufgehoben. Seit 1815 wird das Vermögen des Stiftes besonders verwaltet und die etwa 30000 Mk. betragenden Einkünfte zur Unterftützung würdiger Töchter verstorbener Beamter verwandt. Seit 1871 wird dasselbe wieder von Stiftsdamen bewohnt, welche an der damit verbundenen Schul- und Erziehungsanstalt wirken, und hat seit 1875 einen besonderen evangelischen Stiftsgeiftlichen.

Quellen und Litteratur:

Arnoldi: Geschichte II 251—271. Biftorische Nachrichten von dem Adeligen Fräuleinftifte Keppel im Siegenschen.

Achenbach: S. V. I 551—559. Die Einführung der Kirchen Reformation in das Klofter Keppel.

Geschichte der Begründung und der Entwickelung der im Stift Keppel beftehenden Erziehungs und Schulanftalt mit einem geschichtlichen Rückblicke u. s. w. von Geheimem Rechnungsrath Ilse. Berlin 1846.

---

[1] Vergl. Urkunde 1525. Phil. 102, 103.

[2] Vergl. Geschichte derer vom Hane unter Irmgarteichen.

[3] Phil. 41. 42.

Denkmäler-Verzeichniß der Gemeinde Keppel.

Dorf Keppel.

12 Kilometer nordöstlich von Siegen.

a) **Kirche,**[1] evangelisch, Uebergang, gothisch, Renaissance,

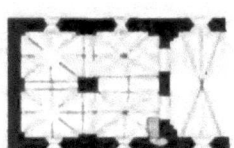 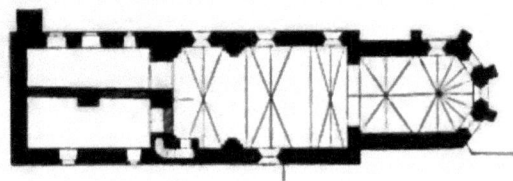

1:400

einschiffig, dreijochig; Chor einjochig mit 5/8 Schluß, gothisch; westlicher Vorbau in gleicher Breite wie das Schiff, zweischiffig, zweijochig, in zwei Geschoffen, Uebergang. Dachreiter.

Im Schiff und Chor spätere Stichkappengewölbe, im westlichen Joche unbenutzte ältere Wand und Eckpfeiler. Im unteren Geschoß des Vorbaues Holzdecken (Nonnenempore); im oberen Geschoß Stichkappengewölbe, im westlichen Joche kuppelartig, zwischen spitzbogigen Gurten auf rechteckigem Mittelpfeiler und Wandpfeilern.

Strebepfeiler am Chor einfach.

Fenster rundbogig, zum Theil erweitert; im Untergeschoß des Vorbaues gerade geschloffen.

Eingang flachbogig, an der Nordseite.

Epitaph, gothisch, 15. Jahrhundert, von Stein, mit Wappen und Inschrift: anno domi m cccc l x b ii (1467), 1,25 m lang, 0,85 m breit. (Abbildung nebenstehend.)

1:10

Epitaph, gothisch, 16. Jahrhundert, von Eisen, mit Wappen und Inschrift: ihß maria in dē jaere unseß herē jhesu xpi do mā schreft xbc und .... be got gäde.

Chorstuhl, gothisch, an der Westseite der Nonnenempore, einreihig, elffitzig, 7,80 m lang.

Chorstuhl, gothisch, Rest, dreisitzig, 2,15 m lang.

3 Glocken[2] mit Inschriften:

[1] Lübke, Westfalen, Seite 430. Otte, Kunstarchäologie. Band II, Seite 209. Lotz, Deutschland, Seite 321.
[2] Lübke, Westfalen, Seite 416.

1. DAU TRAHOR AUDITE VOCO VOS AD GAUDIA VITE. 0,65 m Durchmesser.
2. Neu.
3. Nicht erreichbar.

b) **Klostergebäude**, Renaissance, 18. Jahrhundert,

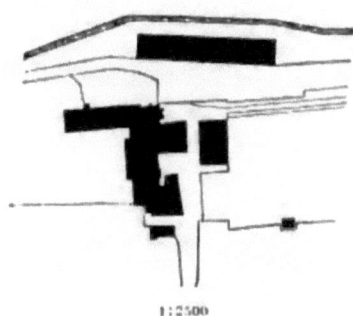

1:2500

einfach, an der Südseite der Kirche. Stuckdecken. (Abbildung untenstehend.)

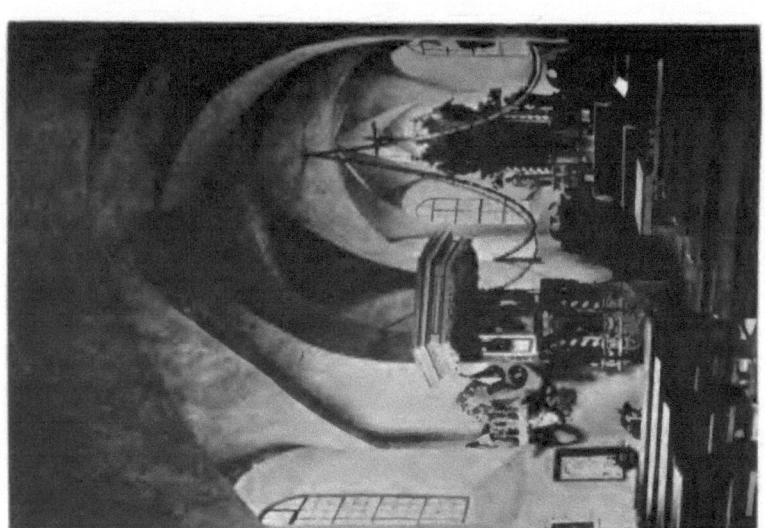

Keppel.

Kreis Siegen.

Bau- und Kunstdenkmäler von Westfalen.

Lichtdruck von Römmler & Jonas, Dresden.

Aufnahme von A. Ludorff, 1897.

Kirche:

1. Ostansicht; 2. Innenansicht nach Nordosten.

1.

2.

Lichtdruck von Römmler & Jonas, Dresden.

Aufnahmen von A. Ludorff, 1897.

Kirche:

Müsen.

Das Kirchspiel Müsen (12 qkm mit 1800 Evangelischen, 84 Katholiken und anderen Christen) liegt im Norden des Siegerlandes in einem rechtsseitigen Nebenthal der Ferndorf und dem daran stoßenden Gebiet der letzteren. Es umfaßt die Gemeinden Müsen mit Hof Winterbach, Dahlbruch mit Schweisfurt, und seit 1859 das früher zu Netphen gehörige Hillnhütten.

Das Kirchspiel Müsen, welches schon durch seinen geringen Umfang späteren Ursprung ver räth, gehört zu den beiden im 17. Jahrhundert aus besonderer Veranlassung entstandenen.[2] In folge des Vergleichs Johanns des Jüngeren mit seinem Bruder Wilhelm[3] kamen die zum Kirchspiel Fern dorf gehörigen Gemeinden Müsen und Dahlbruch zugleich mit dem Kirchspiel Hilchenbach unter die Herrschaft Wilhelms. Da nun Johann, wie in den übrigen seiner Herrschaft unterworfenen Gebieten, auch im Kirchspiel Ferndorf das reformierte Bekenntniß unterdrückte, wünschten die Bewohner der beiden nunmehr von Ferndorf politisch geschiedenen und dem Amt Hilchenbach zugeteilten Gemeinden auch eine kirchliche Trennung, und so wurde 1627 ein besonderes Kirchspiel Müsen gegründet.

Die schon vorher in Müsen vorhandene alte Kapelle wurde dann zur Kirche umgebaut, da sie aber für die zunehmende Bevölkerung zu klein war, brach man sie ab und errichtete 1775—1778 eine neue größere.

Das Kirchdorf Müsen wird in der schon angeführten Urkunde von 1079—1089 zum ersten Male als Muthena erwähnt, und die schwer verständliche Form des Namens wie die Lage beweisen, daß es zu den frühesten Gründungen des Siegerlandes gehört. Schon in alter Zeit war es der Sitz eines bedeutenden Bergbaues, auf welchen verschiedene Sagen hinweisen. In einer Urkunde von 1513[4] wird zum ersten Male der Stenberg, der später so berühmte Stahlberg bei Müsen genannt. Neben der für frühere Verhältnisse günstigen Lage war wohl vor allem der Bergbau die Ursache, daß der Ort sich so bedeutend entwickelte, um mit Dahlbruch zusammen die Bildung eines besonderen Kirchspiels zu ermöglichen. Dem mit dem Bergbau zusammenhängenden Eisengewerbe verdankt wahr scheinlich Dahlbruch und sicher Hillnhütten sein Dasein. Sie sind, wie ihre durchsichtige Namensform beweist, viel späteren Ursprungs, als Müsen.[5]

[1] Wandmalerei der Kirche zu Netphen, 1 : 5. (Siehe unten.) Nach Aufnahme von Architekt Albrecht, Siegen
[2] Vergl. Kirchspiel Freudenberg.
[3] Siehe allgemeine Einleitung.
[4] Phil. 82.
[5] Ueber die Namen auf Hütten vergl. Kirchspiel Weidenau.

Denkmäler-Verzeichniß der Gemeinde Müſen.

Dorf Müſen.
13 Kilometer nördlich von Siegen.

Kirche,[1] evangeliſch, romaniſch, Renaiſſance,

1 : 400

einſchiffig, von 1775 (?). Thurm an der Nordſeite.
Thurmmauerwerk romaniſch, Reſt einer Kapelle.
Holzdecke.

    Fenſter und Eingänge neu.

Pokal, Renaiſſance, von Silber, vergoldet, 21 cm hoch, Fuß
    neu, Becher 11,5 cm hoch. (Abbildung nebenſtehend.)

Glocken, neu.

---

[1] 1893 abgebrannt, 1894 wiederhergeſtellt und nach Süden erweitert.

Netphen.

Im evangelischen und katholischen Kirchspiel Netphen (117 qkm, 3569 Evangelische, 3207 Katholiken, 57 andere Christen, 10 Juden), ist die Bevölkerung weniger dicht, als in den meisten übrigen Theilen des Landes, weil die Bewohner fast nur auf wenig lohnende Feld- und Waldwirthschaft angewiesen sind.[3] Das Kirchspiel liegt nämlich abseits von den Hauptsitzen des Eisengewerbes im Osten des Siegerlandes, hauptsächlich im Gebiete der oberen Sieg bis zu der Stelle, wo der bisher westliche Lauf sich plötzlich nach Süden wendet, und an der in dieselbe einmündenden Netphe, Obernau und Dreisbach. An der Sieg selbst liegen: Walpersdorf, Nenkersdorf, Griffenbach, Deuz, Obernetphen, Dreisbach mit Tiefenbach und in einem Nebenthale Beienbach; an der Netphe: Sohlbach, Afholderbach, Eschenbach, Niedernetphen; im Gebiete der Obernau: Obernau, Nauholz, Brauersdorf; im Gebiete der Dreisbach: Herzhausen, Frohnhausen, Oelgershausen, Unglinghausen, Eckmannshausen; im Gebiete der Weis: Anzhausen, Flammersbach, Feuersbach, Breitenbach; in einem Nebenthal der Ferndorf: Obersetzen und Niedersetzen. Früher war das Kirchspiel noch ausgedehnter, denn dazu gehörten

---

[1] Wandmalerei der Kirche zu Netphen. 1:5. (Siehe Seite 51.) Nach Aufnahme von Architekt Albrecht, Siegen.

[2] Siegel von 1467, im Staatsarchiv zu Münster, Siegen 110. Umschrift: S. der scheffen tzo Netfe und Irmgarteichen. (Vergl. Westfälische Siegel, Heft 11, Tafel 92, Nummer 13.)

[3] Vergl. Irmgarteichen.

noch die fünf durch das Testament Johanns des Mittleren an Hilchenbach und Ferndorf überwiesenen Gemeinden und das 1859 nach Müsen umgepfarrte Hillnhütten.

Netphen gehört zu den neun alten Kirchspielen des Siegerlandes; denn schon 1259 wird die Kirche zu Netphen urkundlich erwähnt,[1] ja Netphen war, wie schon in der allgemeinen Einleitung bemerkt wurde, wahrscheinlich nächst Siegen das älteste Kirchspiel des Landes. Es ist daher wohl kein bloßer Zufall, daß die Netpher Kirche demselben Heiligen wie die alte Pfarrkirche in Siegen, nämlich dem Martinus, geweiht ist.

Dem hohen Alter des Kirchspiels entsprechend liegt der Hauptort desselben nächst Siegen wohl an der für die damaligen Verhältnisse wichtigsten Stelle des Landes, wo zwei Hauptthäler in das obere Siegthal münden.

Bei dieser Lage ist es selbstverständlich, daß Netphen wie die meisten Kirchdörfer der älteren Pfarreien zu den frühesten Gründungen gehört, und dies wird durch die Form des Namens bestätigt.[2] Wie bei so vielen alten Gründungen, giebt es auch wieder zwei durch Vorsetzung von Ober- und Nieder- unterschiedene Orte,[3] die aber so nahe bei einander liegen, daß sie jetzt, wenn auch zwei Gemeinden, so doch ein zusammenhängendes Ganze bilden, weshalb das Kirchspiel anders als Oberholzklau und Oberfischbach mit dem einfachen Namen Netphen bezeichnet wird.

Daß Netphen als eine der ältesten Pfarreien des Landes auch eine größere Bedeutung besaß, darauf weist der Umstand hin, daß der dortige Pfarrer zeitweilig Dekan von Arfeld war.[4] Der größeren Bedeutung entspricht auch die viel größere Ausdehnung. Dieselbe kennzeichnet Netphen ebenso wie Siegen vor den übrigen als Mutterpfarre, von der sich wahrscheinlich die viel kleineren Kirchspiele Hilchenbach und Irmgarteichen später abgesondert haben.[5]

Neben der großen Ausdehnung u. s. w. hatte Netphen auch das mit Siegen gemein, daß hier mehr als ein Geistlicher wirkte.[6] Schon in einer Urkunde von 1345[7] wird neben dem Dechanten von Netphen auch ein Caplan erwähnt. In dem Protokoll der Kirchenvisitation von 1570, also nach Einführung der Reformation, wird ein Pfarrer und Diakonus angeführt.[8]

Das Patronat über die Kirche zu Netphen, welches die vom Hane ursprünglich als Lehen der nassauischen Grafen besessen zu haben scheinen, kam 1259 in den Besitz des Klosters Keppel, von welchem es der Graf von Nassau 1495 erwarb.[9]

Die von Johann dem Jüngeren 1626 in's Werk gesetzte Gegenreformation hatte in diesem Kirchspiel, welches zusammen mit Irmgarteichen noch heute das Johannland heißt und der katholischen Linie bis zu deren Aussterben unterworfen blieb, einen dauernden Erfolg, namentlich in den vom Mittelpunkt des Landes entfernteren Dörfern. Doch waren bei der Neuordnung der Verhältnisse 1651 noch immer genug Anhänger der reformierten Lehre vorhanden, um neben dem katholischen ein evangelisches Kirchspiel zu bilden. Seit 1861 besteht außerdem in Walpersdorf eine katholische Missionspfarre, welche von einem Vikar bedient wird, und zu welcher außer Walpersdorf noch Nenkersdorf

[1] Phil. 9.
[2] Siehe über Ortsnamen, welche von auf „te" endigenden Bachnamen herrühren, Näheres unter Crombach.
[3] Vergl. das unter Niederschelden Erwähnte.
[4] Phil. XIII.
[5] Siehe Urkunde von 1325, Phil. 102, 103, und Irmgarteichen.
[6] Vergl. dieselbe Erscheinung unter Burbach, der bedeutendsten unter den Pfarreien des gleichnamigen Amtes.
[7] Phil. 159.
[8] Steubing, Reformationsgeschichte 286.
[9] Siehe die Geschichte von Keppel und derer vom Hane.

und Grissenbach gehören. Wegen der Größe des Kirchspiels war im katholischen schon seit Anfang des 18. Jahrhunderts ein Kaplan neben dem Pfarrer angestellt, während 1894 eine zweite evangelische Pfarrstelle gegründet wurde.

Die in Obernetphen stehende Pfarrkirche wurde, dem Alter des Kirchspiels entsprechend, früh gebaut: Sie war seit 1651 Simultankirche und ging erst 1896 in den Alleinbesitz der Evangelischen über, nachdem die Katholiken für sich eine besondere Kirche erbaut hatten. Daneben gab es, wohl mit in Folge der großen Ausdehnung des Kirchspiels noch elf Kapellen. Unter diesen sind nur diejenigen zu Niedernetphen (zuerst erwähnt 1237),[1] Eschenbach, Anzhausen, Walpersdorf Simultankapellen, die übrigen zu Dreisbach, Beienbach, Deuz, Feuersbach, Flammersbach, Niedersetzen und Unglinghausen sind im Besitz der Evangelischen.

Das Amt Netphen.

Wie die meisten alten Kirchspielorte war auch Netphen der Sitz eines Schöffengerichts, welches aber außer dem Kirchspiel Netphen auch Irmgarteichen[2] umfaßte. Im Anfang des 18. Jahrhunderts wurde das alte Amt Netphen in zwei zerlegt, das Amt über und dasjenige unter der Kirche. Unter französischer Herrschaft war Netphen der Sitz eines Friedensgerichts, das die Mairien Netphen, Hilchenbach, Ferndorf und Irmgarteichen umfaßte. Unter der preußischen Herrschaft entstand das ebenfalls die Kirchspiele Netphen und Irmgarteichen umfassende heutige Amt.

Quellen und Litteratur:

Sieg. Intelligenzblatt 1827, Nr. 8. 11. 12. Beiträge zur vaterländischen Kirchen- und Pfarrgeschichte u. s. w. Eine ausführliche, in der Mitte des 19. Jahrhunderts angelegte Chronik vom Amt Netphen im Amtsarchiv. v. Achenbach: S. D. II. 121 u. s. w. Zur Geschichte der Pfarrei Netphen.

[1] Phil. 19.
[2] Siehe dieses Kirchspiel.

Denkmäler-Verzeichniß der Gemeinde Netphen.

1. Dorf Ober-Netphen.

7 Kilometer nordöstlich von Siegen.

a) **Kirche,**[1] evangelisch, Uebergang.

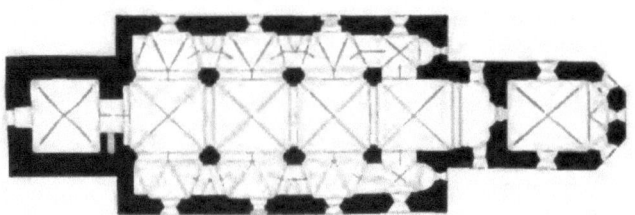

1:400

dreischiffige, dreijochige Hallenkirche. Chor einjochig mit Kleeblattapside. Seitenschiffe nach Osten verlängert, gerade geschlossen, mit Halbkreisapsiden. Sakristei an der Ostseite des Chors, Renaissance, einjochig mit 3/8 Schluß, in gleicher Breite wie das Mittelschiff. Westthurm. Im Mittelschiff kuppelartige Kreuzgewölbe zwischen spitzbogigen Gurten auf quadratischen Pfeilern mit je drei halbrunden Vorlagen. In den Seitenschiffen einhüftige Stichkappengewölbe; die spitzbogigen Quergurte nach außen verbreitert mit je einer Stichkappe. In den Seitenschiffverlängerungen, in der Sakristei und in zwei Geschossen des Thurms Kreuzgewölbe. Die Pfeilerkapitelle mit Ecknollen.

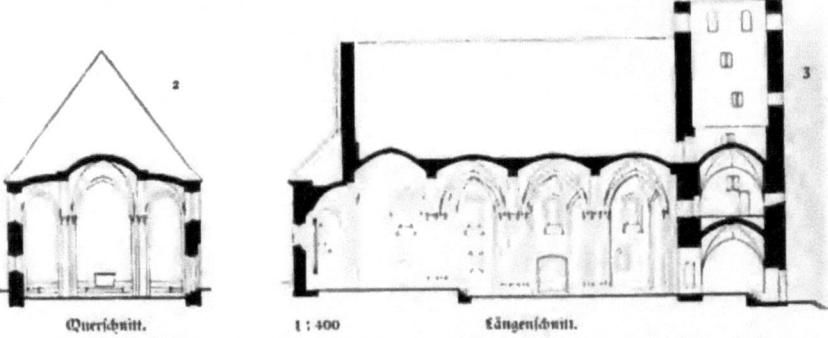

Querschnitt.   1:400   Längenschnitt.

Fenster rundbogig, unter den Emporen flachbogig. Das Ostfenster der Sakristei rund. Portale rundbogig, an der Nord- und Südseite in Kleeblattnischen, an der Südseite außerdem in gerade geschlossener Vertiefung.

[1] Bisher simultan.
[2] und [3] nach Aufnahme von Albrecht, Siegen.

Wandmalerei,[1] Uebergang, Reste. (Abbildungen nachstehend
und als Vignetten.)

3 Glocken mit Inschriften:

1. als carl der 6te kaeiser war und koenig von
hispanien als hyacinth von nasaow und oranien war

Thürdrücker, 1 : 4, nach Aufnahme von
Albrecht, Siegen.

dieses land regent mich kirch
und kirchspiel kavet und in dem
monath may martin um hat
getavet anno 1717 . jacobus
rincker von aslar gos mich.
1,09 m Durchmesser.

2. und 3. neu.

b. Kirche, katholisch, neu.
Monstranz, Renaissance
(Barock), von Silber,
vergoldet. Fuß vier-
theilig, Knauf und
Gefäß rund, Aufbau
mit Säulchen und
Figuren. Inschrift
des Fußes: Netphen
in der Nassau Siegen
A? 1692 , sub de-
cano rurali et pa-
store gerlaco ermert
Netphenae. 69 cm
hoch. (Abbildung
Tafel 12.)

[1] Nach Aufnahmen von Architekt Albrecht, Siegen.

7*

2. Dorf Unter-Netphen.

7 Kilometer nordöstlich von Siegen.

Peterskapelle, simultan, Renaissance (18. Jahrhundert).

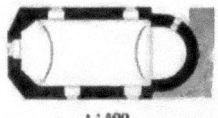

1 : 400

einschiffig mit halbrunder Apsis. Die Westseite mit abgeschrägten Ecken. Tonnengewölbe, in der Apsis Holzdecke. Dachreiter auf dem anschließenden Fachwerkgebäude.

1.

2.

Lichtdruck von Römmler & Jonas, Dresden.

Aufnahmen von A. Ludorff, 1897.

Evangelische Kirche:

1.

2.

Lichtdruck von Römmler & Jonas, Dresden.

Aufnahmen von A. Ludorff, 1897.

Evangelische Kirche:
Innenansichten: 1. nach Osten; 2. nach Nordosten.

Netphen.

Bau- und Kunstdenkmäler von Westfalen.

1.

Lichtdruck von Römmler & Jonas, Dresden.

2.

Aufnahmen von A. Ludorff, 1897.

1. Katholische Kirche, Monstranz; 2. Evangelische Kirche, Westansicht.

Neunkirchen.

Das Kirchspiel Neunkirchen (22 qkm, mit 3389 Evangelischen, 40 Katholiken, 203 anderen Christen) umfaßt den unterhalb des Kirchspiels Burbach gelegenen Theil des Hellerthals mit den Dörfern Neunkirchen, Salchendorf und Altenselbach. Bis zur 1893 erfolgten Umpfarrung von Wilden nach Wilnsdorf gehörte dazu auch der auf der rechten Seite des Baches gelegene Teil dieses Ortes und bis zum 16. Jahrhundert auch Struthütten.

Der Name des Kirchdorfs, in älterer Form Nunkirchen,[2] ist ursprünglich der bei Ortsnamen so häufige Dativ, welcher von einer früher davor stehenden Präposition, meist „zu", herrührt, und bedeutet also: zu oder bei der neuen Kirche. Der auch in anderen Gegenden vorkommende Name, welcher nicht vor der Bildung des Kirchspiels, also nicht vor dem 12. Jahrhundert, entstanden sein kann, beweist auch schon durch seine leicht verständliche Form sein geringes Alter. Unser Neunkirchen liegt aber an einer der wichtigsten Stellen des ganzen Hellerthals, da, wo in letzteres das ziemlich bedeutende, ihm bis dahin an Länge gleichkommende Thal von Wilden mündet. Da an solchen Stellen in unserer Gegend immer alte Gründungen liegen, so war jedenfalls schon längst vor Bildung des Kirchspiels dort eine solche mit entsprechendem alten Namen vorhanden. Derselbe wurde aber wahrscheinlich durch den jetzigen ersetzt, als hier eine Kirche erstand, die im Gegensatz zu einer in der Gegend schon früher vorhandenen, vielleicht der zu Burbach, die neue genannt wurde.

Möglicher Weise zweigte sich Neunkirchen von dem vielleicht ursprünglich den ganzen Freien Grund umfassenden Burbach ab. Darauf könnte hindeuten, daß in einer Urkunde von 1288[3] nur ein viceplebanus in Nunkirchen erwähnt wird, daß also Neunkirchen damals noch nicht eine selbständige Pfarrei war.[4] Außerdem scheint sich Burbach auch durch seine viel größere Ausdehnung Neunkirchen gegenüber als Mutterpfarre zu kennzeichnen.

---

[1] Wandmalerei der Kirche zu Oberholzklau. (1:3. (Siehe unten.) Nach Aufnahme von Architekt Albrecht, Siegen.
[2] Phil. 35, 211.
[3] Phil. 35.
[4] Vergl. dieselbe Erscheinung beim Kirchspiel Irmgarteichen.

Jedenfalls erfolgte, ähnlich wie im Siegerland, die Bildung der einzelnen Pfarreien aus dem früheren Kirchspiel Haiger nicht auf einmal, sondern das Letztere zerfiel erst in größere, und diese dann in die heutigen Kirchspiele.

Nach Einführung der Reformation entbrannte auch wegen Neunkirchens der Collaturstreit.[1] Während desselben trennte Graf Heinrich IV. von Sayn das rein saynische Dorf Struthütten von Neunkirchen und pfarrte es nach Daaden um. Wahrscheinlich wollte der dem lutherischen Bekenntniß eifrig anhängende Graf dieses seiner Herrschaft allein unterstehende Dorf vor jedem Einfluß des zum reformierten Bekenntnis übergetretenen nassauischen Mitbesitzers des Freien Grundes sichern. Doch mußte er den wohl mit der Umpfarrung unzufriedenen Bewohnern des Ortes gestatten, auch weiterhin ihre Kinder in Neunkirchen taufen zu lassen und ihre Todten auf dem dortigen Friedhof zu begraben, was sich bis in's neunzehnte Jahrhundert hinein erhalten hat.[2] 1606 wurde dann auch in Neunkirchen das reformierte Bekenntniß eingeführt.

Die jetzige Kirche wurde während des dreißigjährigen Krieges erbaut und in dieser armen Zeit wahrscheinlich nur schlecht und nothdürftig hergestellt, denn schon 1698 war eine umfassende Ausbesserung nöthig. Daneben finden wir im Kirchspiel keine einzige alte Kapelle, was sich vielleicht durch die geringe Ausdehnung desselben erklärt.

Quellen und Litteratur:

Dahlhoff: Geschichte der Grafschaft Sayn. S. 285—307.
Manger: Beitrag zu einer Geschichte des Freiengrundes u. s. w. Blätter des Vereins für Urgeschichte u. s. w., Nr. 4, 5, 6, 7.
v. Achenbach: S. U. II 231 u. s. w. Zur Geschichte der Pfarrei Netphen.

[1] Vergl. hierüber wie über das frühere Patronats Verhältniß von Neunkirchen das unter Burbach Erwähnte.
[2] Erst vor mehreren Jahren wurde Struthütten wieder von Daaden getrennt und mit dem außerhalb des Kreises liegenden Herdorf zu einem Kirchspiel vereinigt.

Denkmäler-Verzeichniß der Gemeinde Neunkirchen.

Dorf Neunkirchen.
(0 Kilometer südlich von Siegen.

a) **Kirche,¹** evangelisch, Renaissance, 17. Jahrhundert,

1 : 400

einschiffig; Westthurm romanisch (?), Holzdecke, im Thurm kuppelartiges Gewölbe. Fenster rundbogig.

Eingang an der Südseite gerade geschlossen, im Thurm rundbogig.

In der Nordwand Nische mit gothischer Einfassung und Wappen.

3 **Glocken** mit Inschriften:

1. Philip rincker von leun goss mich dem kirchspiel neunkirchen gehoere ich 1790 . soli deo gloria. 1,0 m Durchmesser.

2. und 3. neu.

b) **Fachwerkgebäude,** zum Theil mit geschnitzten Hölzern. (Abbildungen Tafel 13.)

Südostansicht der Kirche.

¹ Thurm 1901 wegen Baufälligkeit abgebrochen, Kirche umgebaut.
² Im Thurm fehlt Angabe des Gewölbes.

Wandmalerei der evangelischen Kirche zu Netphen. (Siehe Seite 51.)

1.

2.

Lichtdruck von Römmler & Jonas, Dresden.

3.

Aufnahmen von A. Ludorff, 1897.

Häuser:

1. Petri; 2. Ermert; 3. Reifenrath.

Niederdresselndorf.

Das den Hickengrund umfassende Kirchspiel Niederdresselndorf (26½ qkm, 2040 Evangelische, 56 Katholiken und 53 andere
Christen) liegt im Südosten des Kreises.

Der Name des Kirchorts lautet in ältester uns bekannter Form (1319)
Dresildorf,[3] ohne die später übliche Vorsetzung von Nieder zur Unterscheidung von
dem nicht weit davon liegenden Oberdresselndorf[4] und kennzeichnet den Ort wegen
der deutlichen Zusammensetzung des Namens mit Dorf als einen nicht zu den
ältesten Gründungen gehörigen.

Das Kirchspiel Niederdresselndorf ist ebenso wie die übrigen
des Amtes Burbach durch Abtrennung von dem alten Kirchspiel
Haiger entstanden. Doch scheint dieselbe erst verhältnißmäßig spät
erfolgt zu sein. Nach einer Urkunde von 1435 erscheint die Kirche
noch als eine von dem Pfarrer in Haiger abhängige Filialkirche.
Auch daß das Kirchspiel nicht, wie die in der frühesten Zeit entstandenen, einen besonderen Gerichtsbezirk bildete, sondern von alter
Zeit her zum Gericht Haiger gehörte, weist auf die späte Scheidung
vom Kirchspiel Haiger hin. Endlich kennzeichnet sich Niederdresselndorf durch die geringe Ausdehnung als eine jüngere Pfarrei. Zu ihr
gehörten anfänglich nur die drei Dörfer Ober-, Niederdresselndorf und
Lützeln. Erst 1617 wurde der vierte jetzt dazugehörige Ort Holz-

---

[1] Wandmalerei der Kirche zu Ferndorf. 1:5. (Siehe Seite 26.) Nach Aufnahme von Architekt Ulbrecht, Siegen.
[2] Volkstrachten des Hickengrundes. (Siehe Seite 10.)
[3] Phil. 196.
[4] Ueber diese Vorsetzung vergl. das unter Niederschelden Erwähnte.
[5] Munger 125, 126.

hausen durch den Grafen Georg von Haiger nach Niederdresselndorf umgepfarrt, als bei der damals erfolgten Teilung dieser nebst dem übrigen Hickengrund unter seine Herrschaft kam.[1]

Während in den Kirchspielen Burbach und Neunkirchen nur die Kolben von Wilnsdorf früher das Patronatsrecht ausübten, ist nach der vorhin erwähnten Urkunde von 1435 auch Wygand von Hatzfeld bei der Besetzung der Pfarrstelle in Niederdresselndorf betheiligt. Im 16. Jahrhundert, nach Einführung der Reformation, ging dann auch hier das Besetzungsrecht ebenso wie die geistliche Gerichtsbarkeit auf den Landesherrn über. An Stelle des zuerst eingeführten lutherischen Bekenntnisses trat dann 1579 das reformirte.

Die aus früherer Zeit stammende kleine baufällige Kirche wurde mit Ausnahme des 1620 erbauten Thurmes 1754 abgebrochen, um durch eine neue ersetzt zu werden, welche 1755 eingeweiht wurde.

Quellen und Litteratur:

Dahlhoff: Gesch. der Grafsch. Sayn u. s. w. S. 355—375.

Manger: Der alte Hegeregrund und seine Bewohner, später Kirchspiel Dresseldorf u. s. w. genannt. In den Blättern des Vereins für Urgeschichte u. s. w. Nr. 14.

Denkmäler-Verzeichniß der Gemeinde Niedredresseldorf.

1. Dorf Niederdresseldorf.

19 Kilometer südöstlich von Siegen.

Kirche, evangelisch, Renaissance, 17. Jahrhundert,

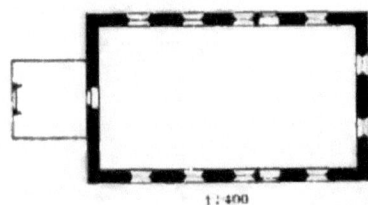

1:400

einschiffig, Westthurm neu. Holzdecke.

Fenster flachbogig.

Eingänge an der Nord- und Südseite, gerade geschlossen, mit Jahreszahl 1754. Eingang im Thurm, rundbogig, mit verzierter Einfassung und Inschrift von 1620.

Glocke mit Inschrift: CBSVS · MA   VIB·(⋄DS

1:5

14. Jahrhundert. 0,86 m Durchmesser.

---

[1] Vergl. Gesch. des Amtes Burbach.

2. Dorf Holzhausen.

Kirche, evangelisch, Renaissance,

1 : 400

einschiffig, Thurm an der Ostseite. Holzdecke.

 Fenster im Schiff gerade geschlossen, im Thurm flachbogig.

 Eingänge an der Westseite und an der Nordseite des Thurms gerade geschlossen.

2 Glocken mit Inschriften:

1. Sub anno dñi m° cccc l° (1450). Jhesus Maria heis ich. O rex glorie veni cum pace. 0,72 m Durchmesser.

2. Anno dñi m° cccc lix.° . (1459). Jhesus Maria Antonius. Conitruum rumpo mortuum besteo sacrilegum voco. 0,91 m Durchmesser.

Südostansicht der Kirche in Niederdresselndorf.

Südwestansicht der Kirche in Holzhausen.

Niederschelden.

Das Kirchspiel Niederschelden (7½ qkm, 2905 Evangelische, 121 Katholiken, 152 andere Christen) besteht aus den beiden Dörfern Niederschelden und Gosenbach. Schon der geringe Umfang deutet darauf hin, daß wir es nicht mit einem alten Kirchspiel zu thun haben. Es hat sich erst 1898 von Siegen getrennt. Das ursprünglich nur auf der linken Seite der Sieg gelegene Kirchdorf hat sich in folge des blühenden Eisengewerbes[1] sehr vergrößert und auch auf die rechte Seite ausgedehnt. Der hier gelegene Theil, Niederschelderhütte, gehört schon zur Rheinprovinz, dagegen in kirchlicher Beziehung zu unserer Pfarrei.

Niederschelden liegt da, wo der letzte rechtsseitige Zufluß der Sieg vor dem Verlassen des Kreises in dieselbe mündet. In der oberen Thalmulde desselben Baches liegt Oberschelden.

Beide gehören also zu den hier wie anderwärts häufig vorkommenden Orten, deren Namen durch Vorsetzung von „ober" und „nieder" unterschieden werden. Ihr Vorhandensein ist leicht zu erklären. Als die Feldmark um den einen Ort nicht mehr ausreichte, gründete ein Theil der Bewohner an der nächstgelegenen günstigsten Stelle einen neuen, welcher einfach denselben Namen wie der Mutterort erhielt. Erst später wurde zur Unterscheidung „ober" und „nieder" vorgesetzt.

Wir finden in einer Urkunde von 1350[2] nur die Bezeichnung Schelle, ohne daß wir daraus ersehen können, ob Ober oder Niederschelden gemeint ist.[3] Fast alle diese Orte mit ursprünglich gleichen Namen gehören zu den ältesten Gründungen des Landes und sind, wie auch Schelden, nach einem der Hauptbäche benannt.[4] Oft wurden dann zwischen den beiden gleichnamigen Dörfern später noch ein oder mehrere andere angelegt, so zwischen den beiden Schelden das ebenfalls zu unserem Kirchspiel gehörige Gosenbach, welches durch Lage und Namensform ein geringeres Alter kund thut. Zu letzterem stimmt, daß Gosenbach, obgleich jetzt ein Dorf von über 1000 Einwohnern, früher wahrscheinlich nur ein Hof war. Wenigstens wird in einer Urkunde von 1347[5] der hoff zu Gosenbach erwähnt, und auch im Testament Johanns des Mittleren ist wohl nur von dem Hof Gosenbach die Rede.[6]

Wenn auch die Orte mit „ober" im Siegerland wohl meistens die ältesten von beiden sind, so hat doch auch Niederschelden auf alle Fälle ein hohes Alter, und zufälliger Weise ist also eine sehr alte Gründung das Pfarrdorf des jüngsten Kirchspiels im Siegerland geworden. Dasselbe ist wohl auch das einzige unter den neueren evangelischen, dessen Gründung nicht im Anschluß an eine vorhandene alte Kapelle erfolgte. Da es zu demjenigen Theil des früheren Kirchspiels Siegen gehörte, welches unter evangelischer Herrschaft stand, so ist hier die Zahl der Katholiken noch geringer als in dem benachbarten Eiserfeld.

[1] Vergl. Eiserfeld.
[2] Phil. 112.
[3] Vergl. Kirchspiel Oberfischbach, Oberholzklau u. s. w.
[4] Vergl. das hierüber unter Krombach Erwähnte.
[5] Phil. 188.
[6] Achenb. Gesch. VII, S. 15 Anm.

Oberfischbach.

Das Kirchspiel Oberfischbach (fast 25½ qkm, 2260 Evangelische, 85 Katholiken; 44 andere Christen) liegt im Südwesten des Kreises und umfaßt die Gemeinden Oberfischbach, Niederndorf, Niederheuslingen, Oberhenslingen, Heisberg, Bottenberg und Dirlenbach, die sämmtlich im Thale der Fischbach und deren Nebenthälern liegen, außerdem noch Oberschelden. Bis zum 16. Jahrhundert gehörten dazu noch die später nach Freudenberg eingepfarrten Plittershagen, Mausbach und Hohenhain.

Oberfischbach ist eins von den neun alten Kirchspielen des Siegerlandes. Ein Pfarrer desselben kommt urkundlich zuerst 1342[1] vor. Das Kirchdorf Oberfischbach ist dem entsprechend nach Lage und Namensform eine der ältesten Gründungen des Landes.

Die auf eine spätere Entstehung hindeutende leichte Verständlichkeit des Namens ist nur eine scheinbare, denn in früheren Urkunden lesen wir zu Overin Vispe 1342[1], Overyspe 1343, wie sich auch heute noch im Volksmunde die richtigere Form Feische erhalten hat. Wie haben also hier eine bei den ältesten Gründungen häufig vorkommende Zusammensetzung mit dem alten Apa oder Afa.[3] Die Vorsetzung von „ober" dient wie so oft bei den ältesten Gründungen zur Unterscheidung von dem sonst gleichnamigen, schon außerhalb unseres Kreises gelegenen Niederfischbach.[4] Von beiden war Oberfischbach wahrscheinlich der Mutterort, weil Niederfischbach an einem ganz anders benannten Gewässer liegt. Daß früher diese zur Unterscheidung dienende Vorsetzung noch nicht üblich war, zeigt wieder die einfache Form Finsphe im Archidiakonalregister.

Oberfischbach besaß eine alte, wahrscheinlich schon bei der Gründung des Kirchspiels erbaute und Johannes dem Täufer ge

Wandmalerei der Kirche zu Crombach.
1:5. (Siehe Seite 19.)
Nach Aufnahme von Architekt Albrecht, Siegen.

[1] Phil. 148.
[2] Phil. 177.
[3] Näheres darüber unter Crombach.
[4] Ueber diese Vorsetzungen Genaueres unter Niederschelden.

weihte Kirche, welche aber schließlich so baufällig geworden war, daß sie 1792 abgebrochen und an ihrer Stelle eine neue errichtet wurde. Außerdem gab es eine alte, wohl schon im 16. Jahrhundert verfallene Kapelle zu Niederheuslingen.[1]

Das Patronat über die Kirche besaßen von Alters her die Grafen von Nassau.[2]

Wie fast alle alten Kirchspiele war auch Oberfischbach zugleich ein Gerichtsbezirk, der später nach Bildung des Amtes Freudenberg einen Theil des letzteren ausmachte. Die schon angeführte Urkunde von 1342 erwähnt Nolz zu der zit amptman alda zu Vispe.

Quellen und Litteratur:

Sieg. Intelligenz Blatt 1826 Nr. 6—16. Beiträge zur Geschichte der Pfarrei Oberfischbach von Pfarrer Kind. Nachtrag Nr. 22 von Pfarrer Kneip. Nachlese Nr. 19 von einem ungenannten Verfasser. In diesen Beiträgen wird erwähnt, daß die auf die Pfarrei bezüglichen Urkunden wahrscheinlich um das Jahr 1632 zerstört worden sind.

Achenbach S. V. I 111—188. Aus Freudenbergs Vergangenheit.

Denkmäler-Verzeichniß der Gemeinde Oberfischbach.

Dorf Oberfischbach.

× Kilometer westlich von Siegen.

Kirche, evangelisch, Renaissance, einschiffig, mit ³/₆ Schluß. Holzdecke. Dachreiter.

1 : 400

Fenster rundbogig.

Eingänge flachbogig.

Pokal,[3] Renaissance, von Silber, mit Deckel, 28,5 cm hoch, mit Inschriften und Jahreszahl 1664.

2 Glocken mit Inschriften:

  1. me fecit christian wilhelm voigt
     ich dien in freud und leid zu fest und an-
                            deren zeiten
     ambae aere summus auctae atque reformate
     M D C C L V (1755). 0,92 m Durchmesser.

  2. me fecit christian wilhelm voigt
     ruf ich zum gottes dienst die leut von allen seiten
     sumtibus ecclesiae reformatae in Oberfischbach M D C C L V (1755). 0,80 m Durchmesser.

Südostansicht der Kirche.

[1] Achenbach S. V. I 161, Anm. 1.   [2] Vergl. das nass. Collaturbuch.   [3] Vergl. unten: Oberholzklau.

Oberholzklau.

Das Kirchspiel Oberholzklau (fast 25 qkm, 1398 Evangelische, 48 Katholiken) liegt im Westen des Siegerlandes und besteht aus den Gemeinden Oberholzklau, Niederholzklau, Langenholdinghausen, Bühl, Meiswinkel, Alchen, Lindenberg, Oberhees und Mittelhees mit den Höfen Wurmbach und Berghaus. Vor Bildung des Kirchspiels Freudenberg im 16. Jahrhundert gehörten dazu noch Büschergrund und Freudenberg.

Oberholzklau ist eins von den neun alten Kirchspielen des Siegerlandes und wird urkundlich zuerst 1329 als Pfarrei erwähnt.[2] Dazu stimmt, daß das Kirchdorf, nach Lage und Namensform zu schließen, zu den frühesten Gründungen des Landes gehört.

Dem entsprechend gibt es auch wieder zwei Orte desselben Namens, welche durch Vorsetzung von ober und nieder unterschieden werden,[3] während man in älterer Zeit für beide Orte unterschiedslos Holzklau gebrauchte. Im nassauischen Collaturbuch lesen wir noch pastory zu Holtzclae. Aeltere Namensformen sind in der Urkunde 1079—1089 in Holzeclaen, 1329 Holzela,[4] und 1344 Holtzklae,[5] womit die noch jetzt im Volksmund übliche Form Holzklo(a) im Einklang steht. Der Ort ist ohne Zweifel, wie die meisten alten Gründungen, nach dem Gewässer, an welchem er angelegt wurde, benannt. Dasselbe heißt jetzt Birlenbach. Doch ist hier, wie es manchmal geschieht, der Name eines Nebenbaches auf einen Hauptbach übertragen worden. Denn ursprünglich endigen die Namen solcher Hauptgewässer im Siegerland niemals auf Bach, dann finden wir da, wo dieser Zufluß der Ferndorf in dieselbe mündet, Clafeld.[6] Holzklau oder richtiger Holzkla und Clafeld sind ohne Zweifel, ähnlich wie Eisern und Eiserfeld nach der Eiser,[6] nach demselben an ihnen vorbeifließenden Bache benannt. Der frühere Name desselben, welcher wahrscheinlich Cla lautete, ist aber später mit Birlenbach vertauscht worden, während sich der Bachname Eiser bis heute erhalten hat. Die Vorsetzung von Holz an den so entstandenen Namen unseres Kirchdorfs ist dabei auffallend und gehört jedenfalls erst einer jüngeren Zeit an.

Dem Alter des Kirchspiels entspricht wohl dasjenige der Kirche, deren Schutzheilige St. Georg und St. Bartholomäus waren. Außer den schon unter Freudenberg erwähnten Kapellen in Freuden

---

[1] Wandmalerei der Kirche zu Oberholzklau. 1:5. (Siehe Seite 65.) Nach Aufnahme von Architekt Albrecht, Siegen.

[2] Phil. 110.

[3] Näheres über diese Vorsetzung unter Niederschelden.

[4] Phil. 172.

[5] Siehe Kirchspiel Clafeld.

[6] Siehe Kirchspiel Eiserfeld.

berg und Büschen gab es solche in Alchen und Langenholdinghausen, die aber wohl schon im 16. Jahrhundert verfallen sind.[1]

Endlich erwähnt eine Urkunde von 1147 unter den Besitzungen der Abtei Deuz: In Horzela curtem cum capella. Da dieser Ort auf Holzklau gedeutet wird,[2] so hätten wir es vielleicht mit einer uralten Kapelle zu thun, welche entweder in Nieder- oder Oberholzklau stand. Im letzteren Falle wäre vielleicht an die Stelle derselben später die Pfarrkirche getreten, falls nicht schon viel früher eine Pfarre nebst zugehöriger Kirche vorhanden war.

Das Patronat über die Kirche besaßen von Alters her die Grafen von Nassau.[3]

Wie fast alle älteren Kirchspiele bildete auch Oberholzklau ohne Zweifel früher zugleich einen Gerichtsbezirk, der im 14. Jahrhundert mit Oberfischbach zum Gericht Freudenberg vereinigt wurde. Denn da ersteres in Bezug auf Oberfischbach unzweifelhaft ist, läßt sich in Bezug auf das später mit ihm vereinigte Oberholzklau etwas anderes nicht annehmen.[4]

Quellen und Litteratur:

Dillenburgische Intelligenz Nachrichten 1793. Nr. 34, 35. Nachrichten der Kirche und Pfarrey Oberholzklau betreffend, nebst einem Verzeichniß der Prediger seit 1515.
Achenbach S. V.: 111—188.

Denkmäler-Verzeichniß der Gemeinde Oberholzklau.

Dorf Oberholzklau.

9 Kilometer nordwestlich von Siegen.

Kirche, evangelisch, romanisch, Uebergang.

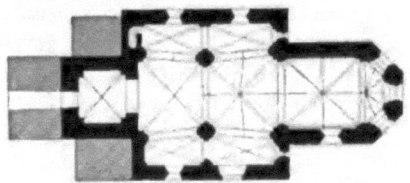

1 : 400

dreischiffig, zweijochig. Chor einjochig mit ³/₈ Schluß. Westthurm. Seitenschiffe mit flachbogigen Nischen schließend.

Kreuzgewölbe im westlichen Joch und Thurm, ansteigend in den Seitenschiffen, mit Scheitelkehlen im östlichen Joch und Chor zwischen spitzbogigen Gurten, und Wandblenden im Chor. Quergurte der Seitenschiffe und Thurmbogen rund. Im Thurm und in den Seitenschiffen Eckpfeiler. Im Schiff quadratische Pfeiler und Wandpfeiler, mit halbrunden Vorlagen. Bogenfries am Schiff.

[1] Achenbach, S. V. I. 161, Anm. 1.
[2] Phil. 210.
[3] Vergl. das nass. Collaturbuch.
[4] Vergl. Arnoldi, Gesch. I. 50, Anm.

Oberholzklau.

Bau- und Kunstdenkmäler von Westfalen. Kreis Siegen.

1.

2.

Lichtdruck von Römmler & Jonas, Dresden. Aufnahmen von M. Ludorff. 1897.

Fenster und Schalllöcher rundbogig, in den Seitenapsiden rund.
Portale, rundbogig, an der Südseite und im Thurm.

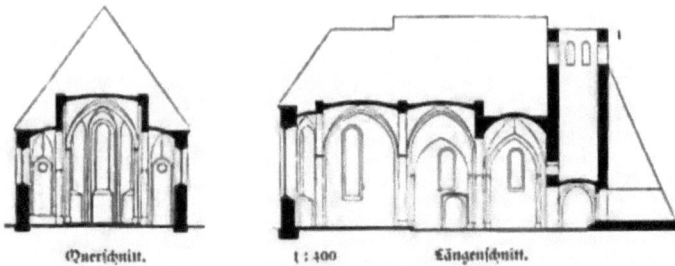

Querschnitt.   1:400   Längenschnitt.

Wandmalerei,[2] romanisch, Reste. (Abbildung nebenstehend und als Vignetten.)

1:5

Pokal,[3] Renaissance, von Silber, mit Deckel, 28,5 cm hoch, mit In
    schriften und Jahreszahl 1664.

2 Glocken mit Inschriften:

    1. Maria und Anna heischen ich.
       tzo dem Gotz deinst gebracht mich.
       de macht und gewalt deß düwels berdrieben ich.
       Anno dūi m vᶜ xii (1512). 1,08 m Durchmesser.

    2. Zo reiner lehr und zu gottes ehr berufe ich meine nach-
       baurn zu mir. laux rocker von frankfort gos mich 1588.
       1,24 m Durchmesser.

Westseite der Kirche.

[1] u. [2] Nach Aufnahme des Architekten Albrecht, Siegen.
[3] Vergl. oben: Oberfischbach.
Ludorff, Bau- und Kunstdenkmäler von Westfalen, Kreis Siegen.

9

Rödchen.

Das Kirchspiel Rödchen (31½ qkm, 1130 Evangelische, 312 Katholiken, 2 andere Christen) im Süden des Siegerlandes enthält die fünf Gemeinden Ober- und Niederdielfen, Eisern, Kinsdorf und Obersdorf mit Rödchen. Es ist neben Irmgarteichen das einzige Kirchspiel des Kreises, dessen Kirche nicht in oder bei einem Dorfe angelegt wurde. Denn das auch jetzt nur noch aus wenig Häusern bestehende Rödchen war früher ein adliges Gut, von welchem weiterhin noch die Rede sein wird.

An Stelle des auch anderswo häufigen Namens Rödchen lesen wir in älteren Urkunden Rode, Rayde, Rorde,[1] und an diese unverkleinerte Form erinnert noch heute das im Volksmund übliche Eigenschaftswort, welches z. B. in „Räer", d. h. „Röder" oder „Roder Wald" für Rödcher Wald vorkommt. Die Gründungen, deren Namen mit dem Zeitwort roden zusammenhängen, gehören einer verhältnißmäßig späten Zeit, dem 9. bis 12. Jahrhundert, an. Dem entsprechend liegt auch Rödchen nicht da, wo wir alte Gründungen unseres Landes zu suchen haben, nämlich an der Vereinigungsstelle von Thälern, sondern in weniger günstiger Lage auf der Höhe. Dagegen finden wir innerhalb des Kirchspiels mehrere nach Lage und Namensform sehr alte Orte, nämlich Ober-, Niederdielfen und Eisern.[3] Doch wurde nicht an einem dieser Orte, sondern zu Rödchen die Kirche gebaut, als sich dieses Kirchspiel wahrscheinlich verhältnißmäßig spät durch Abzweigung von Siegen bildete, weil dasselbe auf die Weise ziemlich in die Mitte zu liegen kam.

Die frühere Zugehörigkeit zu Siegen wird dadurch wahrscheinlich, daß Rödchen zu dem das ehemalige Kirchspiel Siegen umfassenden Haingericht[4] gehörte und die ältesten Kirchspiele immer mit den Gerichtsbezirken zusammenfielen. Auch daß seine Dörfer dem Kirchort Siegen näher liegen, als andere noch bis vor Kurzem zu Letzterem gehörige, könnte dafür sprechen. Sogar das ganz in der Nähe der Stadt liegende Gebiet der Höfe Winchenbach und Hengsbach bildete früher einen Theil von Rödchen. Nach Arnoldi Gesch. III b 84 wäre Letzteres sogar bis 1480 nach Siegen eingepfarrt gewesen und hätte dann erst einen eigenen Pfarrer erhalten. Damit steht allerdings in Widerspruch, daß schon 1328[5] der pastor in Rode als Zeuge in einer Urkunde auftritt und auch die Urkunde von 1349 mit den

---

[1] Wandmalerei der Kirche zu Ferndorf. 1:5. (Siehe Seite 26.) Nach Aufnahme von Architekt Albrecht, Siegen.
[2] Phil. 108, 132, 136, 144.
[3] Vergl. Näheres über alte Gründungen unter Crombach und Niederschelden.
[4] Siehe Kirchspiel Weidenau.
[5] Phil. 104.

übrigen Pfarrern des Siegerlandes unterzeichnet. Aus diesem Grunde ist Rödchen eines der neun alten Kirchspiele des Siegerlandes, aber ohne Zweifel nach Irmgarteichen das jüngste unter ihnen. Den Kirchensatz besaßen die hier begüterten Kolben von Wilnsdorf,[1] deren Stiftung die Kirche wahrscheinlich ist, und von ihnen erwarben ihn später die Grafen von Nassau.

Der Graf Wilhelm verordnete bei der Einführung der Reformation, daß Rödchen mit Wilnsdorf wegen Unzulänglichkeit des Pfarreinkommens zu einem Kirchspiel vereinigt werden sollte. Doch wurden beide Pfarreien bald wieder getrennt, aber 1626 in Folge des Edikts Johanns des Jüngeren von Neuem zusammengelegt. An die Stelle der reformirten Prediger traten katholische. Aber obgleich dieses Kirchspiel dauernd unter katholischer Herrschaft kam, scheint die Gegenreformation in diesem der Stadt Siegen näher liegenden Gebiet geringen Erfolg gehabt zu haben, denn nur in Niederdielfen ist die größere Hälfte katholisch, während in den übrigen Dörfern das protestantische Bekenntniß ganz entschieden vorherrscht.

Bei der Neuordnung der Verhältnisse 1649—1651 nahm der reformirte Geistliche seinen Sitz auf dem Rödchen, weil der katholische das Pfarrhaus zu Wilnsdorf bewohnte. Seit der Zeit blieben die beiden evangelischen Pfarreien, wie schon vorher die katholischen, vereinigt, und erst 1893 wurden die evangelischen wieder getrennt.

Die alte, wahrscheinlich schon seit Gründung des Kirchspiels bestehende, Johannis dem Täufer geweihte Kirche zu Rödchen war seit 1631 Simultankirche. Sie wurde 1778 wegen Baufälligkeit abgebrochen und an ihrer Stelle 1779—1782 eine neue errichtet. Au den nach Westen stehenden Thurm wurde dann 1787—1788 eine besondere katholische Kirche gebaut.

Unter Johann Franz Desideratus wurde 1671 eine Kapelle hinter der Kirche errichtet, aber schon 1684 wieder abgebrochen und das Material zum Bau einer anderen in der Eremitage im Kirchspiel Siegen verwandt.

Wohl mit Recht wird Achenbach S. V. 1 464 vermuthet, daß erstere Kapelle, als nach Wiedereinführung der katholischen Religion die Bittgänge und Wallfahrten wieder in Aufnahme kamen, in Erinnerung an die Vergangenheit an Stelle einer früher vorhandenen dort aufgerichtet worden sei, indem die Wallfahrtskapelle „unter lieben frommen uff der heyden" dieselbe gewesen sei, wie die nicht selten erwähnte „liene frauw zu Rode". Als eine Bestätigung möchte ich noch betrachten, daß noch heute im Volksmund die Stelle der früheren Kapelle „auf der Kirmes" heißt, und 1522 mehrere Bewohner benachbarter Dörfer bestraft wurden wegen einer Schlägerei, die sie in Scene setzten, „als Kirchwihung zw unser lieben frauw uff der heyde gewesen".

Auf dem Rödchen war wahrscheinlich ursprünglich die adlige Familie von Rode[2] begütert. Später scheint dieselbe allerdings vorzugsweise bei Wilnsdorf Eigenthum besessen zu haben, weshalb sie auch Rode von Wilnsdorf genannt wird. Das Hauptgut scheint im Besitz der Kolben von Wilns dorf gewesen zu sein. Denn 1339 erwarb der Graf Heinrich von den Gebrüdern von Willendorf das Gut zu Rode, und 1504 erhielt Johann Kolbe von Wilnsdorf vom Grafen Johann das Lehen, welches „Johann Roede der Jonge, Johann Roeden seliger soen" bis an sein Lebensende zum Lehen gehabt. Die Nachfolge der Kolben in die Lehngüter zeigt, daß ihr Geschlecht mit denen von Rode in verwandtschaftlicher Beziehung gestanden hat. Mit Johann dem Jüngeren erlosch nach Arnoldi das Geschlecht im Mannesstamm.[2] Im 17. Jahrhundert erscheint neben den fiskalischen Waldungen ein Hof und Pfarrgut Rödchen. Das Hofgut wurde 1819 von der preußischen Regierung verkauft und kam später an verschiedene Besitzer.

[1] Siehe Kirchspiel Wilnsdorf.
[2] Achenbach, S. V. II 136—140.

Quellen und Literatur:

Steuding: Reformationsgeschichte u. s. w.
Ed. Manger: Wilnsdorf, Wilgersdorf und Rödgen. Siegen 1863.
Achenbach: S. V I 463—465. Von der Kirche zu unserer lieben Frau auf der Heide.
Achenbach: S. V II 136—144. Die Familie von Rode und Hof Rödchen.
Eine handschriftliche, vom Pfarrer Stenger angelegte Chronik des Kirchspiels Rödchen.

Denkmäler-Verzeichniß der Gemeinde Rödchen.

Ort Rödchen.

5 Kilometer südöstlich von Siegen.

Kirche, simultan, Renaissance, um 1780,

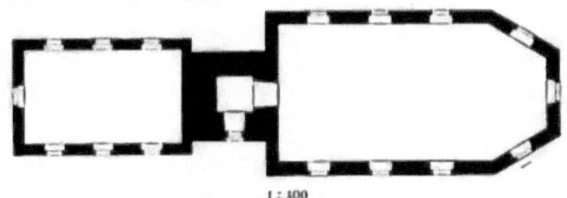

1 : 400

einschiffig mit ½ Schluß (evangelisch). Westthurm romanisch. Westlicher Vorbau (katholisch)
Renaissance, von 1788. Holzdecken.

Fenster rundbogig; Eingänge gerade geschlossen.

3 Glocken mit Inschriften:

1. AVE MARIA (15. Jahrhundert). 0,76 m Durchmesser.
2. Anno dñi m v° xii (1512). maria heischen ich be macht und gewalt deß duwels verdrive ich). 0,77 m Durchmesser.
3. Neu.

1 : 300

Grundriß der Kirche nach einer Zeichnung von Jung. 1788, im evangelischen Pfarrarchiv zu Wilnsdorf.

Südwestansicht der Kirche.

Siegen.

Zum evangelischen Kirchspiel Siegen
(fast 41 qkm, 16657 Evangelische, 4894
Katholiken, 455 andere Christen, 105 Ju-
den und 4 mit unbestimmter Religion)
gehören die Stadt Siegen und die Land-
gemeinden Bürbach, Kaan Marienborn,
Volnsberg, Achenbach, Trupbach, Selbach,
der zur Gemeinde Eiserfeld gehörige Hof
Hengsbach und ein Theil der Gemeinde
Buschgotthartshütten. Zum katholischen
Kirchspiel gehören außerdem noch die
Katholiken der Kirchspiele Eiserfeld und
Niederscheiden.

In der ältesten Zeit umfaßte, wie
schon erwähnt, das Kirchspiel Siegen ver-
mutblich das ganze Siegerland, darauf
die westliche Hälfte und Netphen die östliche. Auch nach der Abzweigung verschiedener Kirchspiele im Mittelalter blieb
Siegen ebenso wie Netphen als Mutterpfarre größer als die übrigen. Da ein
Hartrodus pastor in Siegen 1215 in einem

¹ Wandmalerei der Martinikirche zu Siegen.
1:5. (Siehe Seite 80.) Nach Aufnahme von
Architekt Albrecht, Siegen.

Schriftstück als Zeuge auftritt,[1] so ist das Dasein dieses wahrscheinlich ältesten unter den alten Kirch-spielen zufällig auch urkundlich am frühesten belegt.

Daß Siegen, der Mittelpunkt des Kirchspiels, bei dem hohen Alter des letzteren, zu den ältesten Gründungen des Landes gehört, ist selbstverständlich, und wird durch Namen und Lage erwiesen, denn es liegt an der wichtigsten Stelle des Landes. Bei Siegen selbst oder in der Nähe vereinigen sich die übrigen Hauptgewässer des Landes mit der Sieg, und dieser Lage entsprechend hat es gerade von dem wichtigsten derselben seinen Namen erhalten, wie auch fast alle übrigen ältesten Gründungen nach den Hauptgewässern benannt sind.[2] Als alt kenn-zeichnet sich Siegen auch durch seine große Gemarkung (15 qkm), welche diejenige sämmtlicher anderer Gemeinden übertrifft.

Das durch Größe und Alter ausgezeichnete Kirchspiel Siegen ragte bereits früh als das bedeutendste des Landes unter den übrigen hervor. Dies erhellt schon aus der größeren Anzahl von Geistlichen, Kirchen u. s. w. Die älteste unter letzteren ist ohne Zweifel die Martinikirche,[3] früher die einzige Pfarrkirche der Stadt und wahrscheinlich die einzige Kirche des Landes, als das ganze Siegerland, wie vermuthet wurde, noch ein Kirchspiel bildete. Ihre Bezeichnung nach dem Mainzer Stiftspatron und dem Schutzheiligen der Stadt[4] und ihre auch sonst bei älteren Kirchen häufig vor-kommende Lage auf Bergeshöhe oberhalb des früher im Thale gelegenen Ortes sprechen mit für ihr hohes Alter. Wahrscheinlich war sie ursprünglich aus Holz gebaut, und auch der spätere Steinbau wurde noch verändert. Im Inneren befanden sich drei von je einem Geistlichen bediente Altäre, ein vierter war in dem unmittelbar neben der Kirche gelegenen Beinhaus errichtet. In der Kapelle des nicht weit entfernten uralten Hospitals befand sich der Altar zum heiligen Geist.

In der Mitte des Stadtbergs erhob sich dann die spätere Nikolaikirche.[5] Das ursprüngliche Gebäude hat sich, wenn auch später verändert und vergrößert, allem Anschein nach, im Gegensatz zur Martinikirche, bis heute erhalten. Vor der Reformation befanden sich hier auch drei von je einem Geistlichen bediente Altäre.[6]

Ein dem St. Johannes geweihtes Gotteshaus lag im Thale innerhalb des alten Ortes oder dicht bei demselben in der Gegend, welche sich heute noch durch den Flurnamen Johannisweiher als solche kennzeichnet. Es gehörte zum Kloster der Büßerinnen der Maria Magdalena, welches unter einem Probst oder Prior stand, aber wahrscheinlich schon im 14. Jahrhundert einging.[7] Die Kapelle oder Klosterkirche blieb aber noch in fortgesetztem Gebrauch, bis sie 1494 abgebrochen und ihre Ein-künfte dem Kloster Keppel überwiesen wurden.

Eine andere Kapelle, die Heimbachs- oder St. Josts-Kirche, lag im Thale der Alche, in einiger Entfernung von Siegen, bei dem früheren adligen Gut Heimbach. Sie war nach einer Urkunde

---

[1] Phil. 7.

[2] Vergl. das unter Crombach Erwähnte.

[3] Die Martinikirche unter kirchl. Einr. u. s. w. vor der Reformation. S. 12—23. Geschichte von Siegen I, von Dr. B. Achenbach.

[4] Denselben Schutzheiligen haben nicht nur die wahrscheinlich nächst ihr älteste Kirche zu Netphen, sondern auch die beiden vermuthlich ältesten Kirchen im Kreise Wittgenstein, nämlich zu Fendingen und Raumland.

[5] Achenbach, Kirchl. Einr., S. 24—51; Die Nikolaikirche.

[6] Achenbach, Gesch. IX, 21, 22.

[7] Kirchl. Einr. u. s. w. 7—10 und Geschichte V, Kirchenreformation S. 9, Anm. 2.

von 1432 der St. Jofts Brüderschaft[1] beftimmt, diente dann aber auch als Wallfahrtskirche, und verfiel in folge der Reformation.[2] Nur die Grundmauern find jetzt noch theilweife vorhanden.

Außerdem befanden fich von Alters her Kapellen in vier wichtigeren Dörfern des Kirchfpiels, nämlich zu Kaan, Eiferfeld, Clafeld und Weidenau.

Statt des untergegangenen St. Johannisklofters wurde von Johann V. innerhalb der Stadtmauern ein franziskanerklofter gebaut und 1489 geweiht. Die dabei errichtete Kirche wurde nach der früheren Johanniskirche benannt.[3] Doch wurde dasfelbe fchon 1534 nach Einführung der Reformation aufgehoben und die Mönche wurden ausgewiefen.[4]

In den feit der Reformation proteftantifchen Kirchen wurden nunmehr die Altäre abgebrochen, und die damit verbundenen Altariftenftellen gingen ein. An Stelle der früheren zahlreichen Geiftlichen, zu welchen noch die vielfach feelforgerifch thätigen franziskaner hinzukamen, finden wir jetzt außer zwei Kaplänen nur einen Pfarrer, der zugleich Infpektor über die anderen Kirchfpiele des Siegerlandes war. Nach Einführung des reformirten Bekenntniffes wurden dann die Kaplansftellen in folche eines zweiten und dritten Predigers umgewandelt.

Nach Einführung der Reformation beanfpruchte der Graf von Naffau außer dem bisher in Siegen von ihm ausgeübten Präfentationsrecht auch die Befugniß, die Geiftlichen einzufetzen u. f. w., während die Stadt die Zuziehung der Gemeinde verlangte, welches ihr erft nach langwierigen Prozeffen durch den fogenannten Kirchenverein 1756 zugefichert wurde.

Beim Beginn der Gegenreformation 1626 erhielt wieder ein geiftlicher Orden, nämlich derjenige der Jefuiten, feinen Sitz in Siegen und wurde mit den Einkünften des früheren franziskanerklofters und des Stifts Keppel, ferner mit den Schul- und Pfarreinkünften von Siegen ausgeftattet. Sie übernahmen an Stelle der vertriebenen proteftantifchen Geiftlichen die Seelforge, anfangs zufammen mit einem katholifchen Pfarrer, fpäter allein, und ihre Thätigkeit dauerte, wenn auch mit mehrfachen Unterbrechungen, bis zur Aufhebung des Ordens.

Aber trotz ihrer eifrigen Bemühungen war noch der größere Theil der Bewohner im Kirchfpiel Siegen dem evangelifchen Glauben treu geblieben, als die Rückkehr des fürften Moritz 1645 den Verfolgungen derfelben wenigftens in der Stadt und den der evangelifchen Herrfchaft unterworfenen Dörfern des Kirchfpiels für immer ein Ende bereitete. Durch eine kaiferliche Kommiffion wurde 1650 und 1651 das Verhältniß zwifchen beiden Bekenntniffen geordnet. Die Proteftanten erhielten auf Grund des Normaljahres 1624 die Nikolai und Martinikirche als ausfchließlichen Befitz, nur die Johanniskirche mußten fie mit den Katholiken theilen. Die vielen Streitigkeiten, welche diefe Gemeinfchaft herbeiführte,[5] erreichten erft dann ihr Ende, als letztere beim großen Brande[6] zerftört worden war. Durch einen Vergleich wurde 1698 dem katholifchen fürften die Berechtigung zugeftanden, in der Löhrftraße für feine Glaubensgenoffen eine neue, der hl. Maria geweihte Kirche zu bauen, während der Platz der früheren in den Hof der evangelifchen fürften hineingezogen wurde.[7]

[1] Ueber die anderen kirchlichen Brüderfchaften vergl. Achenbach; S. V, I, 478—487.
[2] Achenbach, S. V, I, 466—477.
[3] Kirchl. Einr. u. f. w. S. 9, 10.
[4] Achenbach, Gefch. V, Kirchenref. 7—10.
[5] Achenbach, Gefch. IX, 59—65.
[6] Nachdem fchon 1593 und 1599 Siegen von größeren Bränden heimgefucht worden war (Achenbach; VI, 50—61), legte 1695 eine Feuersbrunft *) der Stadt in Afche (Achenb.: XI, 65—69).
[7] Achenbach; XI, 73—77.

Während in der Stadt wegen des Mitbesitzes der evangelischen Fürsten die Verfolgung der Protestanten aufhörte, wurde sie um so eifriger in den unter katholischer Herrschaft stehenden Dörfern des Kirchspiels fortgesetzt.[1] Trotzdem waren die Bewohner derselben in weit überwiegender Mehrzahl ihrem Glauben treu geblieben, als endlich unter der oranischen Herrschaft die Bedrückungen aufhörten, und wir finden auch die schon bei anderen Kirchspielen gemachte Bemerkung bestätigt, daß die Bemühungen der katholischen Herrschaft um so erfolgloser waren, je näher die Dörfer dem Mittelpunkte des Landes lagen.

Während in den anderen Kirchspielen unseres Kreises weniger Veränderungen vor sich gegangen sind, war es anders im Kirchspiel Siegen. In Folge der gewaltigen Zunahme der Bevölkerung gingen nach der Mitte des 19. Jahrhunderts aus dem evangelischen Kirchspiel Siegen vier neue und aus dem katholischen noch ein neues hervor. Aber auch in dem so verkleinerten Kirchspiel Siegen war die Anstellung eines vierten evangelischen Pfarrers und eines zweiten katholischen Kaplans nothwendig.

Wie fast alle älteren Kirchspielsorte war auch Siegen der Sitz eines Gerichts, nämlich des ausgedehnten Haingerichts.[2] Wann das in der Urkunde 1079—1089 noch als einfacher Ort erwähnte Siegen aus diesem in Folge der Verleihung städtischer Rechte ausgeschieden ist, läßt sich nicht mit Sicherheit bestimmen. In der schon angeführten Urkunde von 1224 lesen wir, „oppidi Sige de novo constructi". Nach Achenbach[3] wäre Siegen damals zur Stadt erhoben worden, während es nach Philippi[4] schon im 12. Jahrhundert städtische Rechte besessen hätte. Letzterer bezieht die eben erwähnte Stelle auf die Verlegung der Stadt auf den Berg, welche mit der wahrscheinlich schon um 1224 vorhandenen Burg in Zusammenhang stand.

Siegen erfreute sich schon frühzeitig einer größeren Freiheit als irgend eine andere nassauische Stadt, und verdankt dieses wohl außer dem früh entwickelten Gewerbe[6] der Doppelherrschaft der Kölner Erzbischöfe und der nassauischen Grafen.[7] Nach verschiedenen Streitigkeiten wegen des Ertrages aus dem Kaufhause und dem sogenannten Ungeld, einer Verbrauchssteuer, verzichteten 1303 der Erzbischof Wiebold und der Graf Heinrich auf denselben und beliehen Siegen mit dem Soester Stadtrecht. Ein weiteres wichtiges Recht erlangte die Stadt 1340, indem durch kaiserliche Entscheidung bestimmt wurde, daß die Stadt und Bürgerschaft nicht mehr verpfändet werden dürfte und deßhalb dem Schutz der vier Reichsstädte Frankfurt, Friedberg, Gelnhausen und Wetzlar unterstellt werden sollte. Rechnet man zu diesen und anderen Freiheiten den damaligen Verfall der landesherrlichen Macht, so fehlte nicht viel an der vollständigen Unabhängigkeit Siegens.

Der Graf hatte zwar in der Stadt als seinen Vertreter den Schultheiß, aber die eigentliche Verwaltung derselben ruhte in den Händen des Schöffenkollegiums, aus dessen Mitte drei und seit 1499 zwei jährlich wechselnde und in einer Urkunde von 1270 zum ersten Mal auftretende Bürgermeister gewählt wurden. Neben das Schöffenkollegium war im Laufe des 15. Jahrhunderts als Vertreter der gemeinen Bürgerschaft der Rath getreten.[8]

[1] Achenbach, X, 1, 7—12, 33—54, 62—63.
[2] Siehe Weidenau.
[3] Geschichte 1, 7.
[4] XXI—XXIII.
[5] Achenbach, Gesch. 1, 14.
[6] Achenbach, Gesch. 1, 8, 9; II, 4—6; Phil. XXVII, XXVIII.
[7] Achenbach, Gesch. 1, 23.
[8] Achenbach, Gesch. 1, 23.

An dieser Freiheit und Selbstständigkeit erlitt die Stadt, welche im 15. und Anfang des 16. Jahrhunderts ihre höchste Blüthe erreicht hatte, und damals schon ungefähr 5000 Einwohner, also soviel wie im Anfang dieses Jahrhunderts, zählte, 1537 durch den Grafen Wilhelm eine wesentliche Einbuße. Denn sie mußte sich dazu verstehen, ebenso wie die Landsassen zu einer vom Landesherrn ausgeschriebenen allgemeinen Landsteuer beizutragen. Während des dreißigjährigen Krieges wurde dann die landesherrliche Gewalt hier wie anderwärts zu einer derart herrschenden, daß sich die Bürger, namentlich unter Johann dem Jüngeren, die härtesten Bedrückungen gefallen lassen mußten. Dennoch blieb die Verfassung im Wesentlichen unverändert, auch unter der oranischen Regierung.

Erst 1809 unter der Fremdherrschaft erfolgte die Auflösung des Magistrats durch die Einführung einer der französischen ähnlichen Munizipalverfassung. Zu diesem schmerzlichen Verlust kam die furchtbare Verarmung der Stadt wegen der unerschwinglichen Kriegslasten. Erst unter preußischer Herrschaft erholte sich dieselbe wieder von ihrem tiefen Verfall und nahm dann einen mächtigen Aufschwung.

Quellen und Litteratur:

Kuno, Geschichte der Stadt Siegen.
Ueber die Fromeldiskirche in Siegen von Dr. M. Schenck, Blätter des Ver. für Urgeschichte Nr. 15.
Dr. H. v. Achenbach, Geschichte der Stadt Siegen. 2 Bände.
Dr. B. v. Achenbach, Aus des Siegerlandes Vergangenheit. B. I.
Dr. F. Philippi, Siegener Urkundenbuch, namentlich XX—XXVIII.

Denkmäler-Verzeichniß der Stadt Siegen.

1. Stadt Siegen.

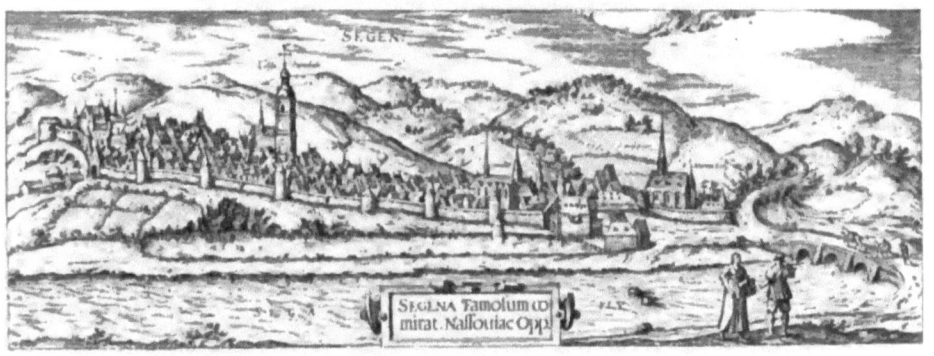

Alte Stadtansicht von Norden.
Aus Bruin und Hogenberg, civitates orbis terrarum, Köln 1572

Siegel der Stadt, von 1270.
Umschrift: Sigillum burgensium oppidum in segen.
(Vergleiche: Westfälische Siegel, Heft II, Abtheilung 2, Tafel 72, Nummer 5.)

Siegel der Stadt, von 1495. im
Staatsarchiv zu Münster, Siegen 89.
Umschrift: s. secret... opidi sigen.
(Vergleiche: Westfälische Siegel,
Heft II, Abtheilung 2, Tafel 72,
Nummer 6.)

Siegel der Stadt,
von 1469, im
Staatsarchiv zu
Münster, Siegen
159. Umschrift:
sill. scabinor in
sigen. (Vergleiche:
WestfälischeSiegel,
Heft II, Abthei-
lung 2, Tafel 86,
Nummer 4.)

10*

a) **Nikolai-Kirche,**[1] evangelisch, Uebergang.

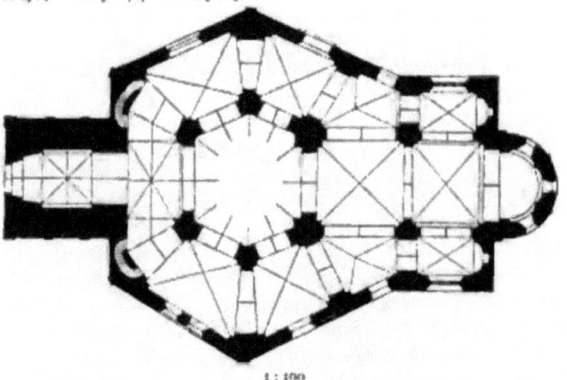

1 : 100

dreischiffige, sechsseitige Hallenkirche, Centralanlage; Chor dreischiffig mit halbrunder Apsis und flachbogigen Seitenapsiden in den Ostmauern; Westthurm.

Kuppelartiges Gewölbe im Centralraum; Kreuzgewölbe im Chor und in den Seiten-schiffen, mit Scheitelkehlen in zwei Geschossen des Thurms und im westlichen Schiffjoch. Gurtungen spitzbogig. Pfeiler und Wandpfeiler unregelmäßig mit Vorlagen, sehr verstümmelt. Im Thurm Wandblenden; an den nach Osten gerichteten Gurten der Seitenschiffe und im mittleren Chorjoch Blendbogen. In der Apsis drei flachbogige Nischen.

Lisenen an den Ecken des Schiffs, am Thurm und an der Apsis.

Bogenfriese, rundbogig an der Apsis, spitzbogig am Thurm.

Achtseitige Erhöhung der Apsismauer. Dachflächen verunstaltet.

Fenster, eintheilig, rundbogig; einzelne am Schiff kleeblattförmig in rundbogigen Nischen; zweitheilig mit gothischem Maßwerk im oberen Thurmgeschoß und das Ostfenster; dreitheilig mit Maßwerk in den Seitenschiffen des Chors. Meist erweitert und umgestaltet.

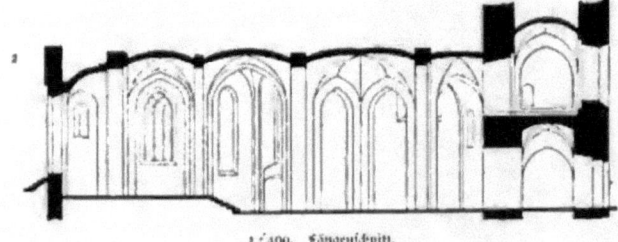

1 : 400. Längenschnitt.

[1] Lübke, Westfalen, Seite 131. — Otte, Kunstarchäologie, Band II, Seite 215. — Lotz, Deutschland, Seite 535.
[2] Nach Aufnahme von Architekt Albrecht, Siegen.

Portale, rundbogig, Renaissance, an der Nord- und Südseite; spitzbogig im Thurm, erneuert.
Wandmalerei, romanisch, Reste. (Abbildung nachstehend.)

Taufschüssel, Renaissance, 17. Jahrhundert, von Silber, getrieben, im Boden Wappen und Inschrift,
am Rande Medaillons und allegorische Darstellungen. 54 cm Durchmesser. (Abbildung vor-
stehend.)

5 Glocken[3] mit Inschriften:

1. + SIS: MA: TER: O: CRIS: TI: AVM: NA: CO: QVEM:

GE: NV: IS: DI: FRV: CI: BVS: AVG: MEN: TVM:

NVNC: HOS: GI: BVS: IN: PE: DI: MEN: TVM: VO: CLAN: DO:

RE: ME: O: LETE: GVFEG: VRBS: QVIA: QVE: SO: +

---

[1] Nach Aufnahme von Architekt Albrecht, Siegen.
[2] Vergleiche: von Achenbach, Geschichte der Stadt Siegen. IX, 21.
[3] Lübke, Westfalen, Seite 436. von Achenbach, Aus des Siegerlandes Vergangenheit, 415—422.

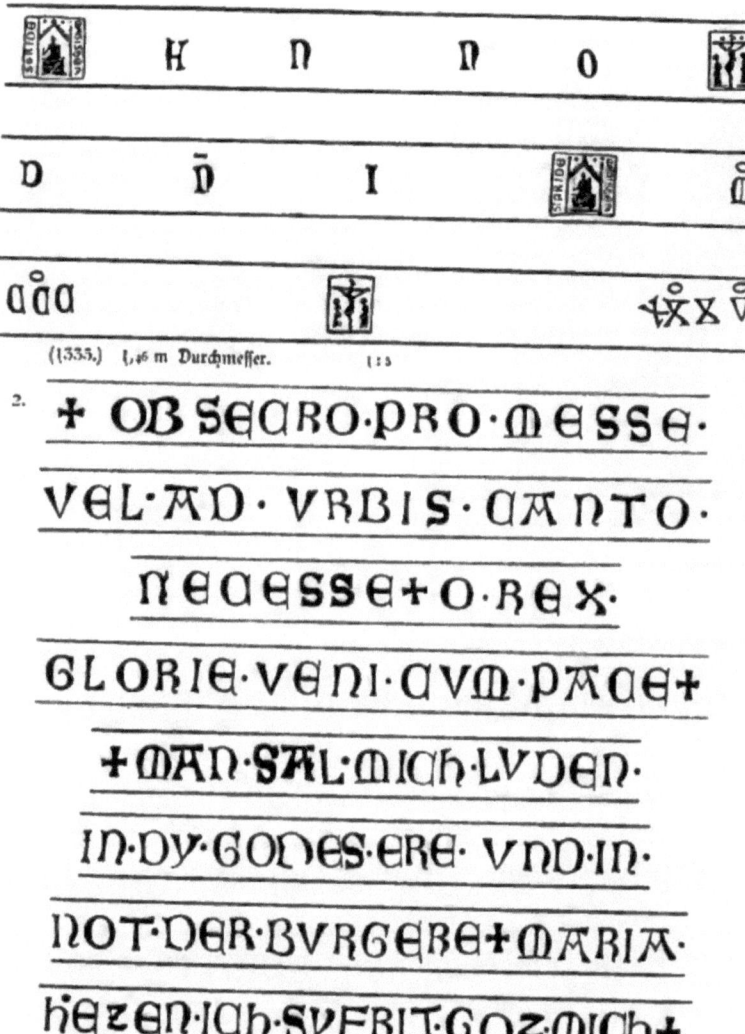

H N N O

O D̄ I M̄

aͣaͣaͣ ☩XX V̊

(1335.) 1,46 m Durchmesser.　1:5

2.
＋ OBSECRO·PRO·MESSE·

VEL·AD· VRBIS· CANTO·

NECESSE+O·REX·

GLORIE·VENI·CVM·PACE+

+MAN·SAL·MICH·LVDEN·

IN·DY·GODES·ERE· VND·IN·

NOT·DER·BVRGERE+MARIA·

HEZEN·ICH·SYFRIT·GOZ·MICH+

14. Jahrhundert. 1,39 m Durchmesser.　1:5

³· **o · virgo · maria · hcysru · irh · ru · ørr · yrsrrn·**

mrsc·lvørt · mych ⊕ anno · dm̄ · m̄ᵒ · rrrvuu⁰ ·

(1408.) 1,oz m Durchmeſſer.   1:5

⁴· ❀ **anno** ✳ **dm** ✳ **m** ❀ **cccc** ✳ **txin** ✳ **ip̄a** ❀

❀ **drc** ✳ **huham** ❀ **mris** ✳ **ave** ✳ **m** ❀

1:5

(1463.) 0,91 m Durchmeſſer.

5. mit rückwärts zu leſenden gothiſchen
Majuskeln: MAGISTER LAME-
VIGAS DE VETSLAR · · · · · ·
hEARIGAS FORMAVIT ME · · ·
GAMPAHA MISSALIS · · ·
0,68 m Durchmeſſer.

Churmſpitze der Nikolai-Kirche.

b) **Martini-Kirche,**[1] evangelisch, spätgotisch,

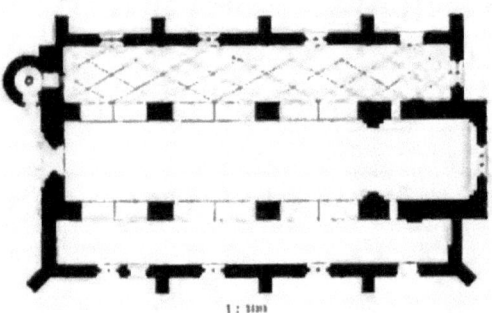

1 : 300

dreischiffig, dreijochig mit gerade geschlossenem Chor (ältere Anlage). Die Seitenschiffe nach Osten verlängert. Treppenthurm an der Westseite. Dachreiter.

Neugewölbe im nördlichen Seitenschiff (Längenschnitt nebenstehend). Im Mittelschiff, Chor und südlichen Seitenschiff Holzdecken. Spitzbogige

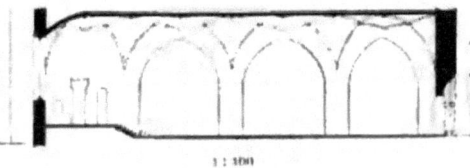

1 : 300

Längsgurte auf rechteckigen Pfeilern. Im Chor Wand und Eckpfeiler. Wandblenden an der Ostseite. Strebepfeiler einfach.

Fenster,[2] spitzbogig, mit Maßwerk, zweitheilig in den Seitenschiffen, dreitheilig im Chor und nach Westen.

Portale spitzbogig; an der Westseite mit Ecksäulen und Dreiblatttympanon, erneuert. (Abbildung Tafel 18.)

Epitaph, gothisch, mit Ritterfigur, Engel, Helm, Wappen und Inschrift: **anno dni m cccc....;** verwittert und verstümmelt, 2,30 m hoch, 1,08 m breit.

2 Glocken[3] mit Inschriften:

Sancte	breschen	ih	iohin	vm	buren	golte

mich	zu	den	hr	m	cccc	lxxxi

1 : 5

(1491.) 0,85 m Durchmesser.

1 und 2 1838 zerstört und erneuert.
3 Lübke, Westfalen, Seite 410. von Achenbach, Aus des Siegerlandes Vergangenheit, 115—122.

2. ꙮ maria ꙮ helfen ꙮ 'ch ꙮ den ꙮ donner ꙮ verdriven ꙮ 'ch ꙮ

ꙮ den ꙮ lenendigen ꙮ ruffen ꙮ ich ꙮ den ꙮ doden ꙮ biden ꙮ eb ꙮ

ꙮ iohan ꙮ van ꙮ daren ꙮ gofie ꙮ mich ꙮ dem ꙮ har ꙮ m ꙮ cccc ꙮ [xxxx] ꙮ

ꙮ al ꙮ da \ ꙮ horn ꙮ ri ꙮ singen ꙮ gilt ꙮ vi ꙮ gulden ꙮ

ꙮ md ꙮ em ꙮ vaten ꙮ pennich ꙮ

(1491.) 0,95 m Durchmeffer.   1 : 5

c) **Marien-Kirche**, katholisch, Renaissance.

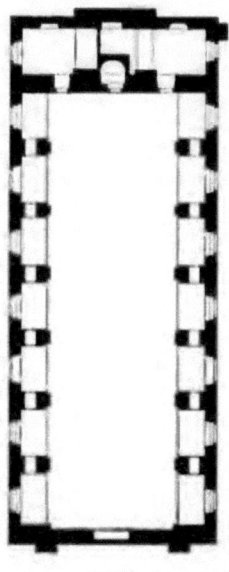

1 : 400

Westansicht der Kirche.

18. Jahrhundert, einschiffig, gerade geschlossen. An der nördlichen Schmalseite Thurm mit Sakristeianbauten. Holzdecken.

Strebepfeiler an den Längsseiten, nach Innen mit Vorlagen und Durchgängen, durch Tonnen verbunden.

Fenster, rundbogig, eintheilig.

Portale gerade geschlossen (erneuert).

Innenansicht der Marienkirche.

Siegel des Klosters St. Johann vor Siegen, von 1317,
im Staatsarchiv zu Münster. Fr. Siegen 51. Um
schrift: S. monialiu sci Joh i Sigi ord sce ... agda.
(Vergleiche: Westfälische Siegel, Heft III, Tafel 122,
Nummer 9.)

Siegen.

Bau- und Kunstdenkmäler von Westfalen.

Kreis Siegen.

Lichtdruck von Römmler & Jonas, Dresden.

1.

2.

Aufnahmen von A. Kuborff. 1897.

Nikolaikirche:

1. Südwestansicht; 2. Südostansicht.

1.

2.

Lichtdruck von Römmler & Jonas, Dresden.

Aufnahmen von A. Cuberff, 1897.

Nikolaikirche:

1.

2.

Lichtdruck von Römmler & Jonas, Dresden.

Aufnahmen von A. Cuborff, 1897/1898.

Martinikirche:

1.

2.

Lichtdruck von Römmler & Jonas, Dresden.

Aufnahmen von A. Ludorff 1896.

d) **Oberes Schloß** (Besitzer: Staat), gotisch, Renaissance.

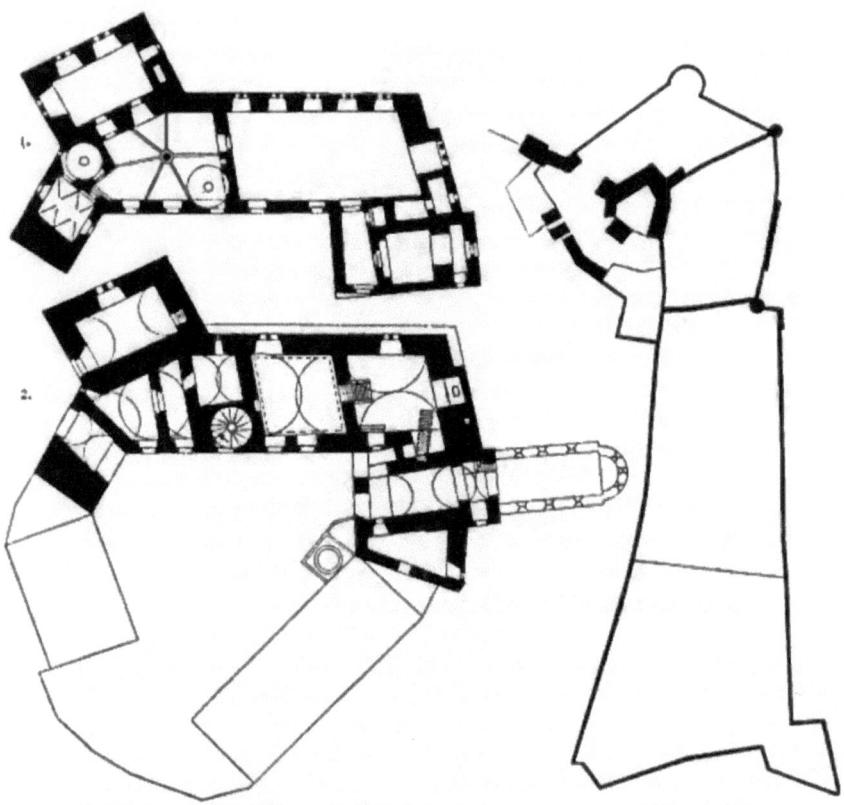

1. Grundriß des oberen. 2. Grundriß des unteren Geschosses. 1 : 400.   Lageplan. 1 : 2500.

Gebäudegruppe mit Thorweg und Thurmbau (Abbildung umstehend), Kapelle, Wendeltreppen, gewölbtem Untergeschoß, gewölbtem Treppenhaus (Abb. umstehend); Saalbau mit Erker, Marmor kamin, Stuckdecke, eingelegten und geschnitzten Wandbekleidungen und Thüren (Abb. umstehend).

Fenster meist zweitheilig mit Steinpfosten; Eingänge spitzbogig an der Südseite des Hauptgebäudes, Portal des Treppenhauses mit gotischer Stabeinfassung (Abbildung Tafel 20).

Ringmauer mit Thürmen, Reste (Abbildung Tafel 19).

Taufstein, romanisch, mit 6 Säulen und zwölftheiligem Bogenfries am Becken, 0,07 m hoch, 1,12 m Durchmesser (Abbildung Tafel 20).

11*

Treppenhaus.

Thurmbau und Thorweg.

Saalthür.

c) **Unteres Schloß** (Besitzer: Staat), Renaissance,

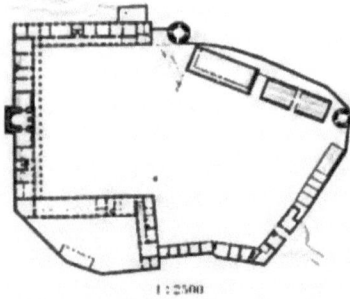

1 : 2500

Gebäudegruppe. Thürme, Reste der Stadtbe-
festigung.

Gruft mit geschlossenen, gemauerten Sarg-
Gelassen in 2 Reihen und freistehendem Grab-
denkmal, von Eisen, gegossen. (Abb. Taf. 21 u. 22.)

Thür zur Gruft, Renaissance, von Eisen, mit Wappen.
(Abbildung Tafel 22.)

Lanzenspitze, Renaissance, von Eisen, mit Wappen
und Inschriften. (Abbildung nebenstehend.)

Gruft. 1 : 400

1 : 3

Wappenstein an der Ostseite des Rathhauses, von 1519, 1,04 m hoch, 0,8, m breit.

2. Eremitage.
4 Kilometer südöstlich von Siegen.

Kapelle, katholisch, Renaissance, 18. Jahrhundert,

1 : 400

einschiffig mit 4 Apsiden; Holzdecke; Dachreiter.
Fenster spitzbogig; Eingang rundbogig.

Nordwestansicht.

Bau- und Kunstdenkmäler von Westfalen.

Kreis Siegen.

1.

2.

Lichtdruck von Römmler & Jonas, Dresden.

Aufnahmen von H. Ludorff, 1897.

Oberes Schloß.

Siegen.

Kreis Siegen.

Bau- und Kunstdenkmäler von Westfalen.

2.

Aufnahme von A. Lukoff, 1897.

Oberes Schloß:
1. Südportal; 2. Taufstein.

1.

Lichtdruck von Römmler & Jonas, Dresden.

Siegen.

1.

2.

Lichtdruck von Römmler & Jonas, Dresden Aufnahmen von H. Eudorff, 1907, und der Kgl. Meßbildanstalt, Berlin.

Kreis Siegen.

Bau- und Kunstdenkmäler von Westfalen.

Lichtdruck von Römmler & Jonas, Dresden.

Aufnahme der Kgl. Meßbildanstalt, Berlin, und von M. Gödeck, 1897.

1.

2.

Unteres Schloß:

1. Gruftansicht nach Westen; 2. Grufteingang.

Weidenau.

Das Kirchspiel Weidenau (8½ qkm mit 5520 Evangelischen, 1048 Katholiken, 278 andern Christen, 20 Juden und 2 mit unbestimmter Religion) besteht aus der gleichnamigen Gemeinde und aus Buschgotthardshütten. Der ursprüngliche Ort Weidenau liegt im Siegthal, da wo sich das Ferndorfthal mit ihm vereinigt, am Rande der weiten Ebene, welche das erstere von da bis Siegen bildet und von welcher Weidenau ohne Zweifel den Namen hat, ähnlich wie der Hof Langenau[1] von der langen Ebene unterhalb Kreuzthal benannt ist.

Das Wort lautet in älterer Schreibung 1333[2] Wydenouwe, im Archidiakonalregister Wydenaw, aus welcher wir ebenso wenig wie aus der mundartlichen Form Wirenau erkennen können, ob die jetzige hochdeutsche Schreibart die richtige ist, ob also das Wort mit Weide zusammenhängt oder ob es eine Bildung mit dem Eigenschaftsworte weit ist. Jedenfalls gehört der Ort wegen seiner durchsichtigen Namensform nicht zu den ältesten Gründungen des Landes, wenn auch schon seine Eigenschaft als Kapellendorf des ehemaligen Kirchspiels Siegen dafür bürgt, daß er nicht einer der jüngsten ist.

Erst 1874 zweigte es sich von Siegen ab und enthielt bis 1898 noch das jetzige Kirchspiel Clafeld. 1893 wurde in Weidenau eine zweite Pfarrstelle errichtet.

Neben dem evangelischen giebt es seit 1893 noch ein katholisches Kirchspiel Weidenau, zu welchem auch die Katholiken des evangelischen Kirchspiels Clafeld gehören. Erst durch Zuzug von außen hat sich die Zahl derselben so vermehrt, daß die Bildung eines Kirchspiels erfolgen konnte, früher war ihre Zahl gering.[3]

Diese Neubildung von Kirchspielen beruht hauptsächlich auf der gewaltigen Entwickelung des Eisengewerbes, dessen Hauptsitz Weidenau und Clafeld schon frühzeitig waren.

Schon im Mittelalter wurden zahlreiche Hütten und Hammerwerke an den Hauptgewässern, namentlich im mittleren und unteren Ferndorfthal und im Siegthal oberhalb Siegen, angelegt;[4] aus diesen gingen dann Ortschaften hervor, so die zur Stadt gehörigen Vororte Hammerhütte, Kain und Sieghütte, weiter aufwärts die Gemeinden Buschgotthardshütten und Dillnhütten, ferner die Orte Fickenhütten, Münkershütten, Hardt, Müsnershütten, Meinhart und Schneppenkauten. Die letzten sechs entstanden alle in der Gemarkung der Gemeinde Weidenau und haben sich in den letzten Jahrzehnten so vergrößert, daß sie jetzt ein zusammenhängendes Ganzes unter dem gemeinsamen Namen Weidenau bilden. Bei allen eben erwähnten Orten deutet die sehr durchsichtige Namensform auf spätere Entstehung. Die auf „hütten" endigenden Namen sind dabei so vorherrschend, daß man das ganze Gebiet unter dem Gesammtnamen „Auf den Hütten" zusammenfaßt. Keiner der mit „hütten" gebildeten Namen kommt nach Arnoldi Gesch. I 4: Anm. vor dem 15. Jahrhundert vor. Auch dadurch kennzeichnen sich diese Orte als jüngere, daß sie so dicht bei einander liegen, was bei älteren nie der Fall ist.

---

[1] Siehe Amt Ferndorf.

[2] Phil 122.

[3] Vergl. das hierüber unter Siegen Erwähnte.

[4] Genaueres über den eigenthümlichen Betrieb derselben siehe Schenck Statistik 234—292.

Weidenau ist zugleich der Sitz des Amtes Weidenau, welches einen Haupttheil des alten Hain-gerichts bildet. Letzteres umfaßte die jetzigen Aemter Wilnsdorf, Weidenau und Eiserfeld und war neben Netphen der größte Gerichtsbezirk des Landes. Wie auch in anderen Gerichtsbezirken war der Kirchort, also Siegen, zugleich Sitz des Gerichts, und auch als dieses in Folge der Verleihung der städtischen Rechte aus demselben ausgeschieden war, blieb der Sitz des rings um das Stadtgebiet liegenden Haingerichts noch weiterhin am Hain, also auf städtischem Boden. Als nach dem Testamente Johanns des Mittleren das Haingericht auf der rechten Seite der Ferndorf und Sieg und außerdem das auf der linken Siegseite gelegene Niederschelden mit dem Gericht Freudenberg zu einem Stammtheil ver-einigt worden war, wurde es unter der Bezeichnung „Amt der vier Dorfschaften" von dem übrigen unter katholische Herrschaft gelangenden Haingerichte getrennt und erst unter oranischer Herrschaft wieder mit ihm vereinigt. Nachdem im Anfang dieses Jahrhunderts das Amt Wilnsdorf aus demselben ausgeschieden war und der übrig bleibende Theil die Bezeichnung „Amt Weidenau" erhalten hatte, trennte sich von diesem 1878 wieder das Amt Eiserfeld.

Quellen und Litteratur:

Cuno: Geschichte der Stadt Siegen.
C. F. Schenck: Statistik u. s. w.
v. Achenbach: Aus des Siegerlandes Vergangenheit, 225—286.
v. Achenbach: Geschichte der Stadt Siegen.

Wilnsdorf.

Das evangelische Kirchspiel Wilnsdorf (fast 50 qkm mit 1459 Evangelischen, 575 Katholiken und 71 anderen Christen) liegt im Südosten des Siegerlandes und umfaßt die Gemeinden Wilnsdorf, Wilgersdorf und Wilden. Zum katholischen Kirchspiel gehören auch die Katholiken des Kirchspiels Rödchen und seit 1858 die wenigen Katholiken des Amtes Burbach.

Im 13. Jahrhundert scheint bei den Bewohnern von Wilnsdorf eine freiere religiöse Richtung geherrscht zu haben, denn 1233 wurde dieser Ort in Folge der Wirksamkeit des Ketzermeisters Konrad von Marburg durch den Landgrafen Konrad von Hessen zerstört, weil die Ketzer allda Schulen gehabt hätten.[2]

Wie die meisten an der Ostgrenze liegenden Ortschaften gehört auch das Kirchdorf Wilnsdorf nicht zu den ältesten Gründungen des Landes. Die noch sehr durchsichtige Namensform ist ebenso wie Wilgersdorf eine deutliche Zusammensetzung mit einem Personennamen und lautet in der ältesten uns bekannten Form Willandesdorff (1223)[4] und Willandisdorf (1233).[5] Man hat nicht ohne Grund vermutet, daß die in unsere Gegend verlegte Wielandsage mit dem Namen des Dorfes zusammenhängt.[6]

Wir haben hier den Sitz eines uralten Bergbaues; in der Nähe lag die Grube am Ratzenscheid, die jetzige Landeskrone, welche der König Adolf von Nassau 1298 seinen Vettern, den Söhnen Ottos, nebst anderen silberhaltigen Bergen ihrer Herrschaft verpfändete.[7]

1 Wandmalerei der Kirche zu Ferndorf. (1:5. Siehe Seite 26.) Nach Aufnahme von Architekt Albrecht, Siegen.
2 Achenbach, S. V. 120, 121.
3 Vergl. Kirchspiel Irmgarteichen.
4 Achenbach, S. V. 121.
5 Phil. 16 u. f. w.
6 Phil. XXVIII.
7 Phil. 46.

Wohl in Folge einer durch den Bergbau hervorgerufenen Blüthe des Ortes wurde der für die ältere Zeit in unserer Gegend beispiellose Fall ermöglicht, daß Wilnsdorf für sich allein ein Kirchspiel bildete,[1] denn von den beiden übrigen Orten kam Wilden erst 1893 nach Wilnsdorf,[2] während das früher zu Haiger, also auffallender Weise zu einem im Uebrigen außerhalb des Siegerlandes liegenden Kirchspiel gehörende Wilgersdorf erst zwischen 1586 und 1612 nach Wilnsdorf umgepfarrt wurde.[3] Die Ursache dieses in der älteren Zeit seltenen Vorganges war wohl außer der Zugehörigkeit von Wilgersdorf zum Siegerlande der Umstand, daß das Dorf dem Kirchorte Wilnsdorf viel näher lag als seinem früheren Kirchorte Haiger.

Dieser anfänglich geringe Umfang des Kirchspiels wie das wenig hohe Alter des Kirchdorfs weisen darauf hin, daß die Pfarrei nicht zu den ältesten gehört; damit steht auch im Einklang, daß sie keinen besonderen Gerichtsbezirk, sondern einen Theil des Haingerichts[4] bildete. Unter den in der Urkunde von 1549 verzeichneten Pfarrern des Siegerlandes wird ein solcher von Wilnsdorf auch nicht aufgeführt. Wir müssen daraus schließen, daß vor dieser Zeit ein Kirchspiel Wilnsdorf noch nicht bestand, falls wir nicht annehmen wollen, daß es ebenso wie Wilgersdorf in kirchlicher Beziehung nicht zum Siegerland sondern zum Gebiete des ehemaligen Kirchspiels Haiger gehört habe. Und diese Annahme scheint wieder dadurch hinfällig, daß im Archidiakonalregister unter den abgabenpflichtigen Orten u. s. w. des Siegerlandes molendinum in Willinsdorf aufgeführt wird. Das Patronat besaßen die Kolben von Wilnsdorf.

Zur Zeit der Reformation wurde Wilnsdorf mit Rödchen vereinigt und nur vorübergehend getrennt, weßhalb die weiteren Geschicke Wilnsdorfs mit denjenigen Rödchens zusammenfallen. Erst 1893 erfolgte die jetzt bestehende Trennung. Da Wilnsdorf ebenso wie Rödchen dauernd unter katholischer Herrschaft stand, so hatte auch hier die Gegenreformation einen dauernden Erfolg, und zwar in diesem vom Mittelpunkte des Landes weiter entlegenen Gebiete einen größeren als in Rödchen.[5] Immerhin ist aber in Wilnsdorf und namentlich in Wilgersdorf die Zahl der Evangelischen überwiegend.

Die alte, dem St. Martinus geweihte Kirche wurde bei der Neuordnung der Verhältnisse, 1651, Simultankirche. 1789 wurde sie abgebrochen und 1789—91 neu aufgebaut. 1852 ging sie in den Alleinbesitz der Evangelischen über, während die katholische Gemeinde das bisherige Hauptzollamtsgebäude erhielt. 1889 und 1890 wurde auch eine katholische Kirche gebaut.

Außerdem befand sich in Wilgersdorf von alter Zeit her eine Kapelle mit entsprechenden Rechten, welche seit Langem abgebrochen ist. Nach der Vereinigung der Katholiken des Amtes Burbach mit Wilnsdorf wurde auch in Burbach eine katholische Kapelle gebaut und 1866 eingeweiht.

Wilnsdorf ist wahrscheinlich der Stammsitz der adeligen Familie von Wilnsdorf.[6] Dort besaß sie eine Burg, welche im Anfang des 15. Jahrhunderts zugleich mit dem Orte zerstört wurde. 1225 wird zum ersten Mal einer dieses Geschlechts, Cunradus de Willandesdorf, und 1241 abermals C. nebst Gattin erwähnt.[7] Der in dieser Familie so häufige Beiname Kolbe, welchen Achenbach von den Kolben im Wappenschilde herleitet, kommt 1277 zum ersten Male vor.

---

[1] Vergl. Müsen.
[2] Siehe Burbach und Neunkirchen.
[3] Steubing, Reformationsgeschichte S. 232, 303.
[4] Siehe Weidenau. Seit Anfang dieses Jahrhunderts bildet dieses Kirchspiel mit Rödchen zusammen das Amt Wilnsdorf.
[5] Vergl. dieselbe Erscheinung unter Netphen und Irmgarteichen.
[6] Achenbach, S. V. II 119—150.
[7] Achenbach, S. V. II 121.

Die von Wilnsdorf erscheinen in der ältesten Zeit als ein mächtiges, reich begütertes Geschlecht, das den Grafen von Nassau bei der Begründung der Landesherrschaft Schwierigkeiten bereitete.[1] Außer verschiedenen Gütern und Gerechtsamen in Wilnsdorf, Rödchen und anderen Orten des Sieger landes und der angrenzenden Gebiete besaßen sie das Patronat der Kirchen zu Rödchen, Wilnsdorf, Ferndorf, Burbach, Neunkirchen und Dresselndorf ebenso wie der zu Haiger und Frohnhausen.[2] Sie treten in zahlreichen Urkunden auf,[3] die uns einen Begriff von der Größe des Besitzes und dessen allmählicher Veräußerung an die Grafen von Nassau geben. Die letzte von diesem Geschlecht her- rührende Urkunde ist vermuthlich ein Lehnsrevers von 1621. Wahrscheinlich ist es damals erloschen. In der Landesgeschichte ist dasselbe in den letzten Jahrhunderten nicht mehr hervorgetreten.

Quellen und Litteratur:

Die Siegen'schen Orte Wilnsdorf, Wilgersdorf und Rödchen in alter Zeit von Ed. Manger (Separatabdruck aus dem Intelligenzblatt). Siegen 1865.
Achenbach: S. D. II 119—136.
Steubing: Reformationsgeschichte.

Denkmäler-Verzeichniß der Gemeinde Wilnsdorf.

Dorf Wilnsdorf.

9 Kilometer südöstlich von Siegen.

a) Kirche, evangelisch, Renaissance, von 1791.

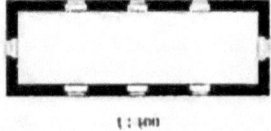

1 : 100

einschiffig, Holzdecke, Dachreiter.

Fenster rundbogig, Eingang gerade geschlossen.

1 Achenbach, S. D. II 119. 120.
2 Manger, 6, 7.
3 Achenbach, S. D. II 122—136.

Südostansicht der Kirche.

1 : 400

Grundriß der Kirche nach einer Zeichnung von Jung. 1748.
im Pfarrarchiv.

b) **Kirche, katholisch, neu.**

Altar,[1] Renaissance (Barock), 17. Jahrhundert, von Marmor, zweigeschossiger Säulenaufbau mit Figuren und Reliefs; Taufe Christi 1,60 m hoch, 1,10 m breit. Mensa mit Reliefs und Rankenwerk; Vorderseite mit Joseph, 2,20 m lang, 0,73 m hoch. (Abbildung nachstehend.)

[1] Früher in der abgebrochenen Kirche zu Daseburg, Kreis Warburg.

Pokal, im Beſitze des Kreiſes.
Renaiſſance (Barock), von Silber,
getrieben, mit Wappen und In
ſchrift. 58 cm hoch.

Inhalts·Verzeichniß.

Alphabetiſches Ortsregiſter
der geſchichtlichen Einleitungen und der Denkmäler Verzeichniſſe.

Alphabetisches Sachregister der Denkmäler-Verzeichnisse.